외국인을 위한
읽기와 쓰기 1

저자 소개

Korean Factory는 한국어 교육 방법 및 한국어 교육 콘텐츠를 연구 개발하는 모임이다.

연구자

유승금

한림대학교 글로벌협력대학원 글로벌한국학과 학과장
한림대학교 교양기초교육대학 교수(현)/ 한국어교육센터 소장(전)

안정화

한림대학교 교양기초교육대학 한국어 교양필수과목 담당
〈한림한국어1〉 공저

문경태

한림대학교 교양기초교육대학 한국어 교양필수과목 담당
한림대학교 대학원 국어국문학과 박사 수료

이한범

한림대학교 교양기초교육대학 한국어 교양필수과목 담당
한림대학교 대학원 국어국문학과 박사 수료

박지연

한림대학교 교양기초교육대학 한국어교육센터 객원교수(현)
가톨릭대학교 대학원 국어국문학과 박사

박진현

한림대학교 교양기초교육대학 한국어교육센터 객원교수(현)
한림대학교 대학원 국어국문학과 박사 수료

감수

신서인 (한림대학교 국어국문학과 교수)

외국인을 위한

읽기와 쓰기 1

초판 1쇄 발행 2018년 3월 7일

지은이 Korean Factory 편

펴낸이 박민우
기획팀 송인성, 김선명, 박종인
편집팀 박우진, 김영주, 김정아, 최미라, 전혜련
관리팀 임선희, 정철호, 김성언, 권주련, 이지율

펴낸곳 (주)도서출판 하우
주소   서울시 중랑구 망우로68길 48
전화   (02)922-7090
팩스   (02)922-7092
홈페이지 http://www.hawoo.co.kr
e-mail   hawoo@hawoo.co.kr
등록번호 제475호

값 12,000원
ISBN 979-11-88568-10-9 14710
ISBN 979-11-88568-13-0 (세트)

외국인을 위한

읽기와 쓰기

Korean Factory 편

도서출판 夏雨 株式會社

　한국과 한국어에 대한 세계의 관심이 계속되면서 한국어를 배우는 학습자들의 유형도 다양해지고 있다. 한국어를 전혀 모른 채 한국에 와서 1급부터 6급까지의 한국어 교육 과정을 통해 언어를 습득하는 것이 외국인 학습자들의 전형이었다. 그러나 해외 한국어 교육 기관의 확산과 한국어능력시험(TOPIK) 응시 기회의 증가로 인해 이제는 자국에서 한국어의 기초를 배우고 곧바로 한국의 대학교에 입학하는 학생들이 많아지고 있다.

　국내의 여러 한국어교육 기관들도 이러한 변화에 대응하기 위해 다양한 한국어 교육 과정과 그에 맞는 교재를 선보였다. 대학 입학 관문을 넘기 위한 한국어능력시험 대비 문법서들이 다수 출간되었으며 대학 진학 후의 학문 수학을 위한 읽기, 쓰기 관련 교재들도 여럿 소개되었다. 이러한 교재들은 단계적으로 한국어를 학습하는 대학 입학 전 과정과 고급 수준의 읽기와 쓰기 학습을 추가적으로 실시하는 대학 입학 후 과정을 명확히 구분하고 있다. 그러나 현실에서 마주하게 되는 외국인 학습자들의 대부분은 단계적인 교육 과정을 거치고도 충분한 한국어 구사 능력을 갖추고 있지 못하며 그럼에도 불구하고 발표, 과제 등 대학에서의 수학 능력을 요구받고 있다. 고급 수준의 학습자뿐만 아니라 초급, 중급 수준의 학습자들의 대학 수학에도 도움을 줄 수 있는 대학 수업 교재가 필요한 시점이다.

　본 교재는 학문목적 한국어 교육과정을 바탕으로 한 한국 대학 유학생을 위한 한국어 교재이다. 대학생활을 기반으로 한 생활한국어 교재인 대학한국어1과 대학에서 학문 학습에 필요한 읽기와 쓰기1, 발표와 토론1로 나누어 구성하였다.

　대학한국어1은 대학 생활에서 필요한 다양한 상황의 예문과 어휘와 표현을 학습할 수 있도록 기획하였다. 15~16주로 이루어지는 학부 과정의 수업 자료로 쓰일 수 있도록 총 13과로 구성되어 있다. 각 과마다 목표 문법이 제시되어 있으며 기본 대화문을 통해 해당 문법의 쓰임을 보이고 이후 이어지는 연습문제를 통해 각 문법의 활용 연습을 돕고 있다. 각 단원 말미의 읽기, 쓰기 연습은 학습자들의 이해도 점검과 추가적인 생성 연습에 도움을 줄 수 있다.

읽기와 쓰기1은 대학에서 다양한 교양도서 및 전공도서를 읽기 위해 필요한 기본적인 지식 및 다양한 독해 연습을 넣었다. 초급 수준의 학습자들도 학습에 부담을 느끼지 않도록 본격적인 글쓰기가 이루어지기 전 단계인 개요 쓰기를 목표로 교재가 구성되어 있다. 학습자들은 한국어 단어의 특징부터 개요 작성까지의 과정을 단계별로 학습하면서 한국어 문장 쓰기의 기초를 다지고 창의적인 글쓰기로 나아갈 수 있는 한국어 쓰기 실력을 배양할 수 있다.

발표와 토론1은 발표에 필요한 기본적인 내용 및 발표 형식을 연습하도록 기획하였다. 1과 표준 발음 연습을 시작으로 학습자들에게 친숙한 주제인 자기소개, 고향 소개로부터 점차 학술적인 주제로 나아갈 수 있도록 단원을 구성하였다. 또한 15~16주 학부 과정에서 수업을 진행하기에 무리가 없도록 전체 8과로 구성되어 있어 각 단원의 이론 학습에 이어 실습을 병행할 수 있다.

한국 대학 유학생을 위한 『대학한국어1』, 『읽기와 쓰기1』, 『발표와 토론1』이 학문 목적 한국어 교육과정에 있는 외국인 학습자들의 대학 생활에 많은 도움이 되기를 바란다.

목차

Ⅰ. 단어의 특징

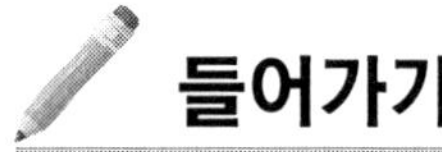 들어가기

※ 다음을 읽고 함께 생각해 봅시다.

> 사과가 맛있다.
> 교실이 깨끗하다.
> 철수가 공부한다.

> 사과, 교실, 철수

> 맛있다, 깨끗하다, 공부하다

연습 1 〈보기〉에 있는 단어를 나누어 봅시다.

보기				
한국어	힘들다	제주도	졸리다	까맣다
은행	더럽다	걷다	거실	끝나다
나오다	기다리다	김치	사귀다	약국
가르치다	찜질방	환전	약속하다	다치다
목요일	산책	가깝다	선풍기	늦다
응급실	취직하다	지갑	시원하다	횡단보도

한국어, 제주도,	힘들다, 졸리다,

1 명사, 대명사, 수사

1) 명사: 이름을 나타내는 단어

> 예 가방, 대학교, 행복, 인기, 여름, 서울 등

2) 대명사: 이름을 대신하여 가리키는 단어

> 예 나, 이것, 여기, 저기 등

3) 수사: 수량이나 순서를 나타내는 단어

> 예 하나(한), 둘(두), 셋(세), 넷(네), 다섯, 여섯, 일곱, 여덟, 아홉, 열 등
> 일, 이, 삼, 사, 오, 육, 칠, 팔, 구, 십 등

연습 2 〈보기〉에 있는 단어를 나누어 보십시오.

보기				
이것	대학교	셋	교실	극장
열	여덟	거기	저것	꽃다발
삼겹살	저기	육	칠	약국
색깔	우리	스물	입금	배
음악회	열하나	여기	그	택배
천	언니	너	팔	외국인

명사	대명사	수사
대학교,	이것,	셋,

1) 동사 : 사람이나 사물의 움직임을 나타내는 단어

> 예   먹다, 읽다 등

2) 형용사 : 사람이나 사물의 상태나 성질을 나타내는 단어

> 예   예쁘다, 높다 등

연습 3   〈보기〉에 있는 단어를 나누어 보십시오.

보기				
먹다	높다	힘들다	내리다	나쁘다
좋다	좋아하다	걱정하다	깨끗하다	노랗다
끝나다	걷다	귀엽다	날씬하다	공부하다
돕다	놀다	느리다	다치다	덥다

동사	형용사
먹다,	높다,

1) 관형사 : 명사 앞에서 명사의 의미를 더해주는 단어

예 <u>무슨</u> 영화를 볼까요?
도서관에 <u>새</u> 책이 많아요.

2) 부사 : 동사, 형용사 앞에서 동사, 형용사의 의미를 더해주는 단어

예 <u>너무</u> 걱정하지 마세요.
제주도에 <u>꼭</u> 가고 싶어요.
어제는 아팠어요. <u>그래서</u> 결석했어요.

연습 4 〈보기〉에 있는 단어를 나누어 보십시오.

보기					
	무슨	너무	일찍	아직	어느
	첫	그런데	왜	우선	아주
	깜빡	새	바로	그리고	헌

관형사	부사
무슨,	너무,

 조사

명사 뒤에 쓰여 문장에서의 역할을 나타낸다.

이/가, 은/는, 을/를, 에, 에서, 만, 도, (으)로, 부터, 까지 등이 있다.

> 예 나는 친구<u>에게</u> 생일 선물<u>을</u> 주었다.

연습 5   〈보기〉에서 알맞은 것을 골라 문장을 완성하십시오.

보기	이/가	은/는	을/를	에	에서	만	도
	(으)로	까지	(이)랑	와/과	에게	한테	

① 교실＿＿＿ 칠판＿＿＿ 있어요.

② 선생님＿＿＿ 영어＿＿＿ 가르쳐요.

③ 날씨＿＿＿ 시원해요.

④ 승우 씨＿＿＿ 새벽 1시＿＿＿ 도서관＿＿＿ 공부해요.

⑤ 저＿＿＿ 사과＿＿＿ 좋아해요. 바나나＿＿＿ 좋아해요.

⑥ 기차＿＿＿ 서울＿＿＿ 가요.

연습 6   글을 완성하십시오.

엄마＿＿ 아빠＿＿ 친구＿＿ 만나러 가셔서 동생＿＿ 집＿＿ 있었다. 그런데 동생＿＿ 감기에 걸렸는지 기침＿＿ 했다. 열＿＿ 나서 이마＿＿ 너무 뜨거웠다. 엄마＿＿ 전화하려다가 안 했다. 엄마＿＿ 집＿＿ 오라고 그러면 싫을 것이다. 나＿＿ 놀이터에서 놀 때 엄마가 집＿＿ 오라고 그러면 싫었기 때문이다. 동생＿＿ 자꾸 아프다고 해서 약＿＿ 주었다. 그리고 침대＿＿ 누우라고 했다. 그리고 이마＿＿ 물수건＿＿ 올려놓았다. 그랬더니 열＿＿ 내렸다. 기분＿＿ 좋았다. 조금 후에 엄마＿＿ 아빠＿＿ 오셨다. 부모님께서 칭찬해 주셨다. 자고 일어나면 동생＿＿ 다 나았으면 좋겠다.

1. 〈보기〉에서 알맞은 것을 골라 글을 완성하십시오.

보기				
모든	대학교	새	우선	듣다
걱정하다	어느	거기	아프다	다치다
깜빡	저기	아직	친구	그리고
색깔	깨끗하다	스물	너무	아주
보다	무슨	일찍	왜	덥다

① 길이 _______ 막혀서 약속 시간에 늦었어요.

② _______ 영화를 좋아해요?

③ _______ 학기가 시작되었어요.

④ 우리는 요리를 시작하기 전에 _______ 재료들을 깨끗이 씻었어요.

⑤ 우리 집은 여기에서 _______ 가까워요. 걸어서 3분밖에 안 걸려요.

⑥ 명동에서 치마를 샀어요. _______ 구두도 샀어요.

⑦ 시험공부를 _______ 다 못했어요.

⑧ 비가 와서 평소보다 _______ 학교에 갔어요.

⑨ 제시카 씨는 월급을 타면 _______ 뭘 할 거예요?

⑩ 밥과 빵 중 _______ 것을 드시겠어요?

⑪ 마이클 씨가 _______ 학교에 안 왔는지 궁금해요.

⑫ 나는 기차에서 졸다가 _______ 잠이 들었어요.

2. 〈보기〉에서 알맞은 것을 골라 아래와 같이 문장을 만드십시오.

보기				
동생	언니	여기	기린	한국어
길다	키	오늘	목	공부하다
예쁘다	싫다	날씨	좋다	영화
삼겹살	크다	덥다	노래	보다
얼굴	눈	춥다	부르다	걱정하다
귀엽다	작다	식당	코끼리	치다
좋아하다	머리	된장찌개	코	테니스
추다	무섭다	맛있다	피아노	이메일
나	먹다	아프다	춤	보내다

1) <u> N </u> 이/가 <u> A </u> .

① 동생이 귀여워요.

②

③

④

2) <u> N </u> 은/는 <u> N </u> 이/가 <u> A </u> .

① 동생은 얼굴이 귀여워요.

②

③

④

⑤

2) <u> N </u> 은/는 <u> N </u> 을/를 <u> V </u> .

① 나는 친구를 걱정해요.

②

③

④

Ⅱ. 규칙에 맞게 쓰기

들어가기

※ 다음을 읽고 무슨 말인지 생각해 봅시다.

> "마이클이아파요?"
> "큰집에서살았어요."
> "아버지가방에들어가세요."

> "마이클이∨아파요?"
> "큰집에서∨살았어요."
> "아버지가∨방에∨들어가세요."

> "마이클∨이∨아파요?"
> "큰∨집에서∨살았어요."
> "아버지∨가방에∨들어가세요."

1 모든 단어는 띄어 쓴다. 단, 조사는 붙여 쓴다.

> 이/가, 을/를, 부터, 까지, 에서, 한테, 밖에 ……

예 시험공부부터∨시작합시다.
　　서울에서∨부산까지∨얼마나∨걸립니까?
　　너는∨공부밖에∨모른다.

2 '지, 것, 데, 수, 대로, 만큼, 뿐, 바' 등은 띄어 쓴다.

단, '대로, 만큼, 데, 지, 뿐, 바'는 띄어 쓸 때도 있고 붙여 쓸 때도 있으므로 주의한다.

1) '대로', '만큼', '뿐'

> N대로, V-(으)ㄴ 대로, V-는 대로

예 설명서대로 사용하세요.
　　텔레비전에서 본 대로 불고기를 만들었어요.

> N만큼, V-(으)ㄴ 만큼, V-는 만큼

예 동생도 형만큼 운동을 잘한다.
　　노력한 만큼 결과가 좋다.

> N뿐이다, V-(으)ㄹ 뿐

예 이번 시험 신청자는 우리 둘뿐이다.
　　영희 씨는 울기만 할 뿐 아무 말도 하지 않았다.

2) '지'

> V/A-(으)ㄹ지 V/A-(으)ㄹ지 모르다/고민이다 등
> V-(으)ㄴ 지 (시간)

예 졸업여행을 설악산으로 갈지 제주도로 갈지 아직 결정하지 않았다.
　　학교를 졸업한 지 벌써 10년이다.
　　철수를 만난 지 오래 되었다.

3) '데'

> V-는데/(으)ㄴ데, A-(으)ㄴ데 등
> V-(으)ㄴ/는/(으)ㄹ 데

> 예 다음 주에 시험을 본다는데 시험 범위가 뭐야?
>
> 작년에 여행 간 데를 다시 가고 싶어요.
>
> 이 보고서를 쓰는 데에 며칠이 걸렸다.

3 '-고 싶다', '-아지다/어지다'

1) '-고 싶다'

> 예 생일 선물로 저 신발을 가지고 싶다.
>
> 졸업하면 선생님이 되고 싶다.

2) '-아지다/어지다'

> 예 날씨가 따뜻해져서 운동하기에 좋다.
>
> 샴푸를 바꿨더니 머리카락이 고와졌다.

4 숫자

1) 숫자를 쓸 때는 만 단위로 띄어 쓴다.

> 예 일억 이천삼백사십오만 육천칠백팝십구(O)

2) 수 관형사와 단위 명사는 띄어 쓴다. 단, 아라비아 숫자로 쓰거나 순서를 나타낼 때는 붙여 쓸 수 있다.

> 예 옷 한 벌(O), 연필 한 자루(O), 10월9일(O), 이학년(O)

5 이름

성과 이름은 붙여쓰고, 이름 뒤에 쓰는 '씨', '과장', '선생'등은 띄어 쓴다.

> 예 한승우 씨, 이지훈 선생님, 김철수 과장님

1. 다음 중 맞는 것에 ○표 하십시오.

① 김철수 ( ) / 김 철수 ( ) / 김 철 수 ( )

② 이 선생님, 김 부장 ( ) / 이선생님, 김부장 ( )

③ 김철수 씨, 김 씨 ( ) / 김철수씨, 김씨 ( )

2. 다음 중 맞는 것에 ○표 하십시오.

① 눈 같이 하얀 머리( ) / 눈같이 하얀 머리 ( )

② 너 밖에 없다.( ) / 너밖에 없다.( )

③ 철수 보다 영수가 농구를 더 잘한다.( ) / 철수보다 영수가 농구를 더 잘한다.( )

④ 수박 만 하다.( ) / 수박만 하다.( )

⑤ 고향 만큼 좋은 곳이 없다.( ) / 고향만큼 좋은 곳이 없다.( )

⑥ 학생 뿐만 아니라( ) / 학생뿐만 아니라( )

⑦ 학생은 학생 대로( ) / 학생은 학생대로( )

⑧ 집집마다 떡을 나누어 주었다.( ) / 집집 마다 떡을 나누어 주었다. ( )

⑨ 커피 하고 우유 하고 가지고 왔다.( ) / 커피하고 우유하고 가지고 왔다.( )

3. 다음 중 맞는 것에 ○표 하십시오.

① 커피 마실 건 데 같이 안 마실래?( ) / 커피 마실 건데 같이 안 마실래?( )

② 어디로 여행을 갈 지 모르겠어요.( ) / 어디로 여행을 갈지 모르겠어요.( )

③ 무슨 말을 하는 지 이해할 수가 없다.( ) / 무슨 말을 하는지 이해할 수가 없다.( )

④ 숙제는 내일 해야 겠다.( ) / 숙제는 내일 해야겠다.( )

⑤ 아마 집에 도착했을걸. ( ) / 아마 집에 도착했을 걸.( )

⑥ 열심히 공부했으니만큼( ) / 열심히 공부했으니 만큼( )

4. 다음을 알맞게 띄어쓰기(V) 하십시오.

① 눈이내릴것같이흐리다.

② 너가할수있을만큼만해라.

③ 이사과한개에얼마예요?

④ 머리가아픈것같아요.

⑤ 배가고파서죽을뻔했어요.

⑥ 날씨가추워져서운동장에사람이없다.

⑦ 극장에갈때같이가자.

⑧ 닭갈비가맛있다.

⑨ 도서관에서떠들면안된다.

⑩ 수업이끝난후에는불을끕시다.

⑪ 우리제주도에한번가볼까?

 들어가기

※ 다음을 읽어 봅시다.

사례 1

건	강	을	위	해	서	운	동	을	하	는	것	이	좋	지
만	너	무	지	나	친	운	동	은	오	히	려	건	강	을
해	친	다	일	주	일	에	3	일	3	0	분	하	는	것
이	좋	다	고	한	다	운	동	뿐	만	아	니	라	몸	에
좋	은	음	식	을	먹	는	것	도	중	요	하	다	너	무
짜	거	나	기	름	진	음	식	은	피	하	는	것	이	좋
다														

사례 2

	건	강	을		위	해	서		운	동	을		하	는
것	이		좋	지	만		너	무		지	나	친		운
동	은		오	히	려		건	강	을		해	친	다	.
일	주	일	에		3	일	,	30	분		하	는		것
이		좋	다	고		한	다	.						
	운	동	뿐	만		아	니	라		몸	에		좋	은
음	식	을		먹	는		것	도		중	요	하	다	.
너	무		짜	거	나		기	름	진		음	식	은	
피	하	는		것	이		좋	다	.					

규칙을 지켜 정확하게 써야 글을 읽는 사람이 글의 의미를 제대로 이해할 수 있다. 여기에서는 띄어쓰기, 문장부호 등 원고지 쓰는 법을 잘 익혀 정확하게 쓰는 연습을 하도록 한다.

1 한 칸에 한 자씩 쓴다.

| | 저 | 는 | | 불 | 고 | 기 | 를 | | 좋 | 아 | 합 | 니 | 다 | . |

연습 1 다음을 써 보십시오.

① 제 취미는 요리입니다.

| | | | | | | | | | | | | | | | |

② 바다로 여행을 갑니다.

| | | | | | | | | | | | | | | | |

2 한 칸에 두 자씩 쓴다.

1) 숫자 쓰기

① 한 자로 된 숫자는 한 칸에 한 자씩 쓴다. (1월, 2시, 5명, 7만 원)

| | 1 | 월 | , | 2 | 시 | , | 5 | 명 | , | 7 | 만 | | 원 | |

② 두 자로 된 숫자는 한 칸에 두 자씩 쓴다. (15일/ 38%/ 8,000명/2017년)

| | 15 | 일 | , | 33 | % | , | 80 | 00 | 명 | , | 20 | 17 | 년 | |

③ 세 자 이상의 숫자는 아래와 같이 씁니다. (100개/ 53,000원/ 9,600,000명)

| | 10 | 0 | 개 | , | 53 | 00 | 0 | 원 | , | 96 | 00 | 00 | 0 | 명 |

연습 2 다음을 써 보십시오.

① 3월, 5시, 8명, 9천 원

| | | | | | | | | | | | | | | | |

② 28일, 70%, 1,200명, 2018년

③ 450개, 62400원, 8,257,391명

1) 영어 알파벳 쓰기

① 영어 알파벳 대문자는 한 칸에 한 자씩 쓴다. (KOREA, SEOUL)

	K	O	R	E	A	,		S	E	O	U	L			

② 영어 알파벳 소문자는 한 칸에 두 자씩 쓴다. (school, coffee, hamburg)

	sc	ho	ol	,		co	ff	ee	,		ha	mb	ur	g	

연습 3 **다음을 써 보십시오.**

① ASIA, EUROPE

② bus, cake, house

1) 띄어쓰기를 할 때에는 한 칸을 비우고 쓴다.

	내	일	부	터		학	교	에		갑	니	다	.	방
학	이		끝	나	고		수	업	이		시	작	합	니

2) 띄어쓰기를 해야 하는 칸이 왼쪽 처음 칸이 될 때는 띄어쓰기를 하지 않는다.

	저	는		수	영	을		할		수		있	지	만
제		동	생	은		할		수		없	습	니	다	.

연습 4　　다음을 써 보십시오.

① 오늘은 토요일이지만 도서관에 가서 책을 읽을 것입니다.

② 저는 외국인 친구가 많아서 좋습니다.

1) 단락의 첫 문장은 한 칸을 비우고 쓴다.

	친	구	과		같	이		영	화	를		보	고	
점	심	을		먹	었	습	니	다	.					

2) 문단이 바뀌면 처음 한 칸을 비우고 쓴다.

	주	말	마	다		취	미		생	활	을		하	는
사	람	이		많	습	니	다	.	등	산	을		가	거
나		극	장	에		가	서		영	화	를		보	는
사	람	도		많	습	니	다	.						
	저	도		주	말	마	다		취	미		생	활	을
합	니	다	.	저	는		사	진		찍	는		것	을
좋	아	합	니	다	.	그	래	서		경	치	가		좋
은		곳	에		가	서		사	진	을		찍	습	니
다	.													

  다음을 써 보십시오.

① 봄이 되면 날씨가 따뜻해집니다. 그래서 저는 봄을 좋아합니다.

② 한국에 온 지 벌써 1년이 되었다. 그동안 즐거운 일도 많았지만 힘든 일도 꽤 있었다. 특히 몸이 많이 아팠을 때는 고향에 있는 가족들 생각이 많이 났다. 또 한국에서 생활하면서 여러 가지 새로운 경험을 해서 좋았다. 한국에 처음 왔을 때는 한국 문화를 잘 몰라서 실수도 많이 했다.

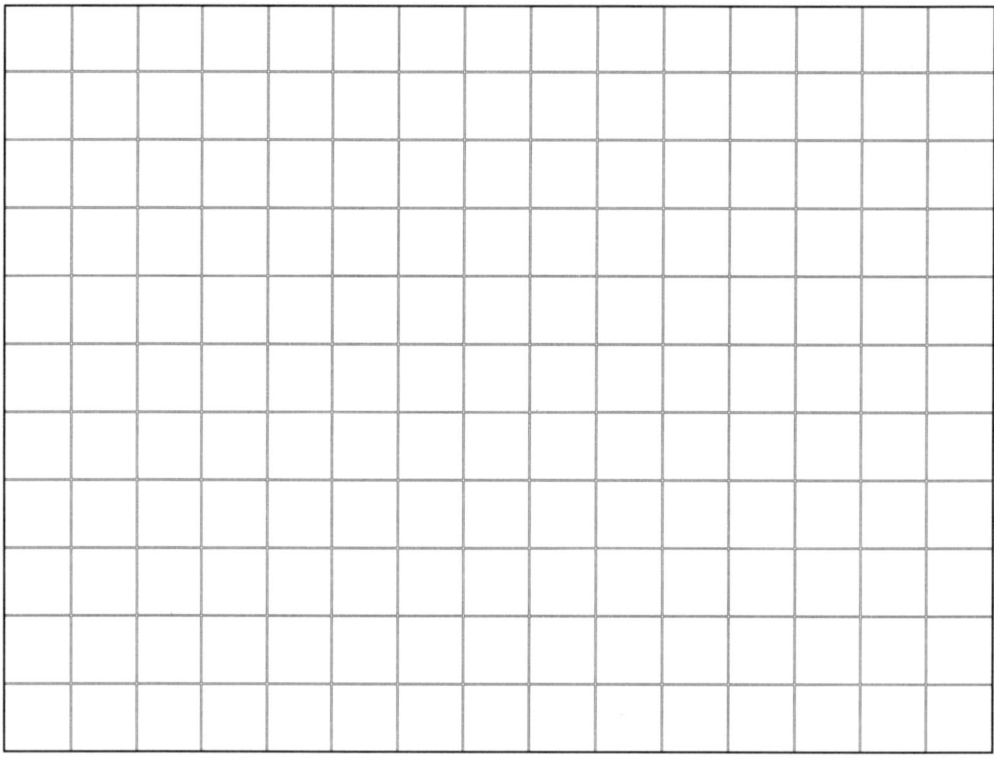

5 문장부호 쓰기

※ 문장부호의 종류

마침표	쉼표	느낌표	물음표	큰따옴표	작은따옴표	말줄임표
.	,	!	?	" "	' '	……

1) 느낌표(!)나 물음표(?)는 글자처럼 한 칸에 쓴다. 다음 문장은 한 칸을 띄어 쓴다.

	와	!		정	말		맛	있	다	!		얼	마	예
요	?		더		먹	고		싶	네	요	!			

2) 마침표(.)나 쉼표(,)는 한 칸에 쓴다. 다음 문장은 한 칸을 띄지 않고 다음 칸에 바로 쓴다.

	제	인		씨	,	내	일		같	이		영	화	를
볼	까	요	?		요	즘		재	미	있	는		한	국
영	화	를		많	이		해	요	.	한	국		영	화
를		좋	아	하	면		같	이		봐	요	.		

3) 줄의 마지막 칸에 문장이 끝날 때 마침표(.)를 옆 빈 공간에 쓴다.

	머	리	가		아	프	고		열	이		납	니	다	.

4) 말줄임표(……)는 두 칸을 사용하여 쓴다.

	시	간	이		없	는	데	…	…	.				

5) 큰따옴표(" "), 작은따옴표(' ')는 왼쪽 위와 오른쪽 위에 쓴다.

	어	제		선	생	님	이	"	내	일		날	씨	가
추	워	요	."	라	고		말	씀	하	셨	습	니	다	.

	우	리	가		볼		영	화	는	'	우	리	들	의
행	복	한		시	간	'	입	니	다	.				

　　다음을 써 보십시오.

① 주말이라서 사람이 정말 많다! 다른 식당에 갈까요?

② 나는 과일을 아주 좋아한다. 내가 좋아하는 과일은 사과, 귤, 딸기, 포도이다. 한국은 내 고향보다 과일이 조금 비싸지만 맛있다.

③ 가족과 함께 여행을 갑니다.

④ 처음이라서 모르겠는데…….

⑤ 제 친구가 "방학 때 여행가고 싶다."라고 말했습니다.

⑥ 이 책의 제목은 '한국의 전통문화'입니다.

 들어가기

※ 다음을 읽어 보고 내용이 어떻게 달라졌는지 이야기해 봅시다.

글을 쓰고 난 후 잘못된 부분을 고쳐 쓰기 위해 사용되는 기호를 '교정부호'라 한다. 간단한 교정부호를 익히고 교정부호를 이용해 잘못된 부분을 다시 써 보도록 하자.

교정 부호	교정 내용	교정 예
⌢	붙여 쓴다	꽃 처럼 예쁜 얼굴이었 다. ▼ 꽃처럼 예쁜 얼굴이었 다.
∨	띄어 쓴다	집을 떠난지 오래 되었 다. ▼ 집을 떠난 지 오래 되었 다.

연습 1   위 교정부호를 이용해 잘못된 부분을 고치고 원고지에 바르게 옮겨 써 보십시오.

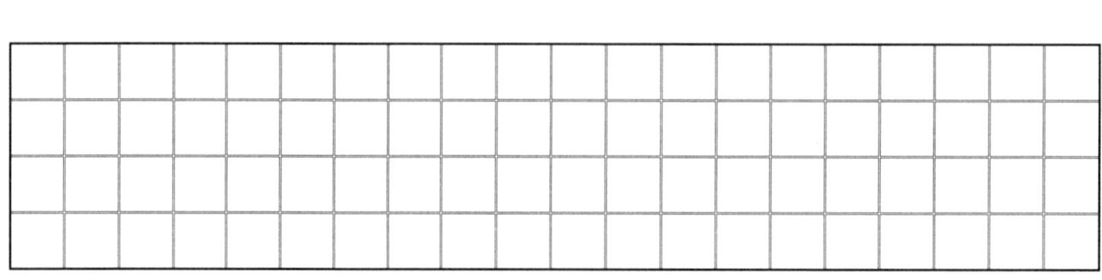

	한	국	에		온	지		벌	써		일	년	이		다	되	어		간
다	.	지	난		일	년	동	안		열	심	히		한	국	어	를		공
부	했	다	.	올		해	는		즐	거	운		일		만		기	다	리
고		있	을		것		같	다	.										

▼

2 글자를 빼거나 바꾸어 쓸 때

교정 부호	교정 내용	교정 예
	글자를 뺀다	중학교 때에 농구 선수였다. ▼ 중학교 때 농구 선수였다.
	글자를 바꾸어 쓴다	오늘은 날씨가 말다. ▼ 오늘은 날씨가 맑다.

연습 2 위 교정부호를 이용해 잘못된 부분을 고치고 원고지에 바르게 옮겨 써 보십시오.

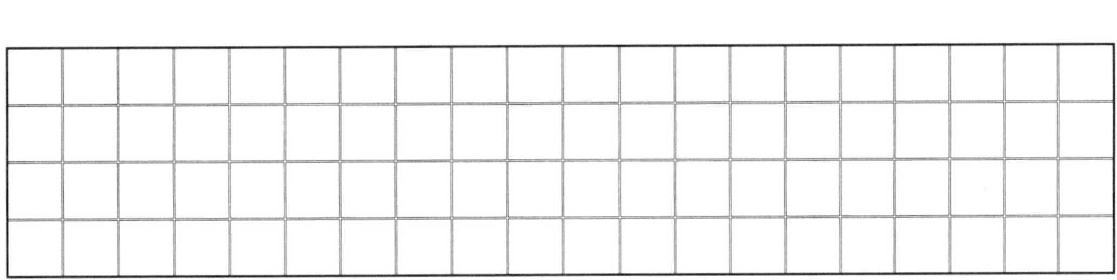

교정 부호	교정 내용	교정 예
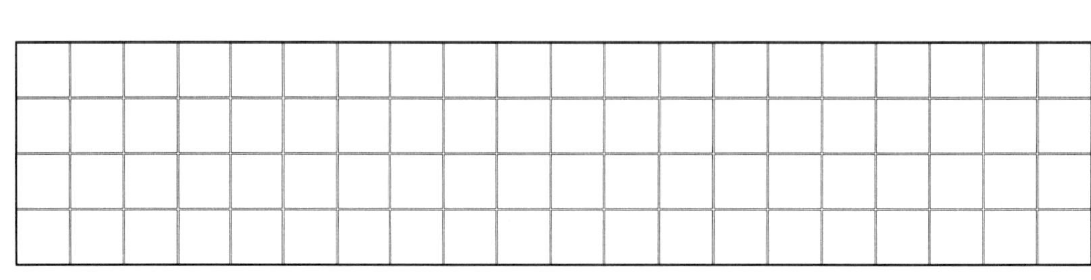	글자를 넣는다	**깨끗하게** ∨ 책 을 │ 봐 야 │ 한 다 . ▼ 책 을 │ 깨 끗 하 게 │ 봐 야 │ 한 다 .
	여러 글자를 고쳐 쓴다	**가셨다** 할 머 니 께 서 는 │ 시 장 에 │ 졌 다 . ▼ 할 머 니 께 서 는 │ 시 장 에 │ 가 셨 다 .

위 교정부호를 이용해 잘못된 부분을 고치고 원고지에 바르게 옮겨 써 보십시오.

감	기	에		걸	리	지		않	으	려	면		자	주	깨	끗	이
씻	어	야		한	다		그	리	고		따	뜻	한		차	나	물
을		자	주		먹	으	면		좋	다	.						

손을 ∨ 마시면

▼

교정 부호	교정 내용	교정 예
⌐	줄을 바꿔 쓴다	"커서 뭐가 되고 싶어요?" "저는 만화가가 되고 싶어요." ▼ "커서 뭐가 되고 싶어요?" / "저는 만화가가 되고 싶어요."
↩	줄을 이어 쓴다	'이대로 괜찮은가' 라는 질문을 던지게 된다. ▼ '이대로 괜찮은가' 라는 질문을 던지게 된다.
∽	앞과 뒤의 순서를 바꾸어 쓴다	많이 밥을 먹어서 배가 부르다. ▼ 밥을 많이 먹어서 배가 부르다.

연습 4　위 교정부호를 이용해 잘못된 부분을 고치고 원고지에 바르게 옮겨 써 보십시오.

명	절	에	도		요	즘	은		고	향	에		내	려	가	지		않
는		사	람	이		늘	고		있	다	고			한	다	.		
언	제		결	혼	하	느	냐	,		언	제		취	직	하	느	냐	는
질	문	이		부	담	스	럽	기		때	문	이	다	.	청	년	들	을
대	상	으	로		한		조	사		결	과	에		의	하	면		

▼

교정 부호	교정 내용	교정 예
	왼쪽으로 한 칸 옮겨 쓴다	모 두 가　안　될　거 라 고　했 지 만 / 나 는　포 기 하 지　않 았 다 . ▼ 모 두 가　안　될　거 라 고　했 지 만 / 나 는　포 기 하 지　않 았 다 .
	오른쪽으로 한 칸 옮겨 쓴다	결 론 적 으 로　말 하 면　글 을　쓸　때 는 / 무 엇 보 다 도 ▼ 결 론 적 으 로　말 하 면　글 을　쓸　때 / 는　무 엇 보 다 도

연습 5　위 교정부호를 이용해 잘못된 부분을 고치고 원고지에 바르게 옮겨 써 보십시오.

영	화	관	에	서	는		휴	대	전	화	의		소	음	보	다		불	빛
	이		더		심	각	한		문	제	다	.		영	화		상	영	중	에
휴	대	전	화	를		꺼	내	면		휴	대	전	화	의		불	빛	이
	영	화	를		보	는		데		방	해	가		된	다	.

▼

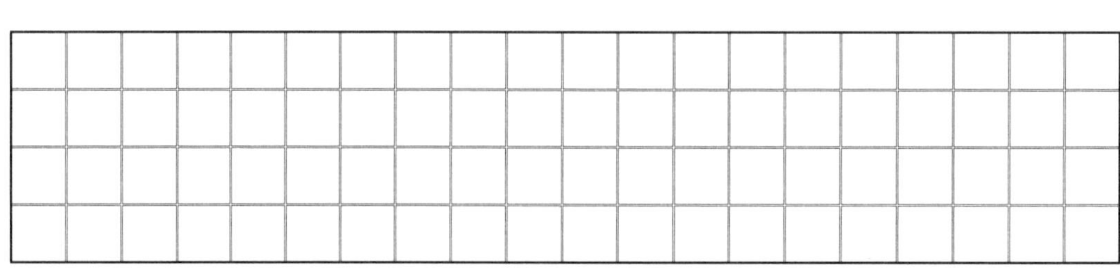

아래의 글을 읽고 교정부호를 사용해 원고를 고치고 원고지에 바르게 써 보십시오.

오	늘	은		서	울	에	서		살	는		친	구	가		놀	러		오
기	로		한		날	이	었	다	.	작	년		십	일	월	에		만	나
고		세	달	만	에		만	나	는		것	이	었	다	.	나	는		수
업	이		끈	나	자	마	자		서	둘	러	서		가	방	을		챙	겨
들	고		약	속	장	소	로		달	려	갔	다	.	무	슨	일	인	지	
친	구	는		아	직		도	착		하	지		안	은		것		같	았
다	.	전	화	를		해	볼	까		생	각		했	지	만		금	방	
오	겠	지		하	는		생	각	에		그	냥		기	다	리	기	로	
했	다	.	십	분		이	십	분		삼	십	분	을		지	나	도		친
구	의		모	습	은		보	이	지		안	았	다	.	혹	시		내	가
약	속	날	짜	를		잘		못		알	고	있	는		건	가	하	는	

▼

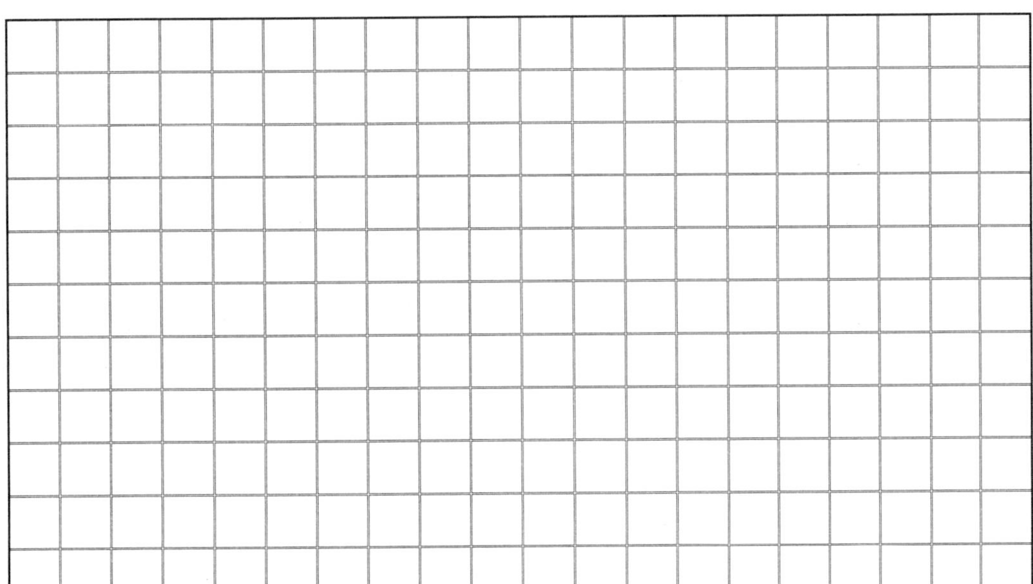

Ⅲ. 기본 문장 쓰기

1 'N이/가'를 꼭 써야 하는 경우

1) N이/가 N이다

: 'N이다'의 예는 '책상이다, 교실이다, 선생님이다, 9시이다, … ' 등이 있다.

예 이것이 책상이다.　　　　여기가 교실이다.
그 사람이 선생님이다.　　수업 시작 시간이 9시이다.

연습 1　　'N'을 10개 써 보십시오.

연습 2　　위에 쓴 'N'을 이용해서 'N이/가 N이다' 문장을 만들어 보십시오.

2) N이/가 A

: 'N이다'의 예는 '책상이다, 교실이다, 선생님이다, 9시이다, … ' 등이 있다.

예 교실이 작다.　　　학교가 크다.　　　언니가 예쁘다.
　　날씨가 좋다.　　　한국이 춥다.

연습 3　　'A'를 10개 써 보십시오.

연습 4　　위에 쓴 'A'를 이용해서 'N이/가 A' 문장을 만들어 보십시오.

- ---
- ---
- ---
- ---
- ---
- ---
- ---
- ---

3) N이/가 V1

① 'N이/가 V1'

: 'V1'의 예는 '가다, 오다, 웃다, 울다, 일어나다, … ' 등이 있다.

예 아버지가 가다.　　어머니가 오다.　　형이 웃다.
　　고양이가 울다.　　아기가 일어나다.

 ‘V1’의 예를 10개 써 보십시오.

 위에 쓴 ‘V1’을 이용해서 ‘N이/가 V1’ 문장을 만들어 보십시오.

-
-
-
-
-
-

② ‘N이/가 …… V1’

: ‘N이/가 V1’ 문장에는 의미에 따라 ‘에, 에서, (으)로, 와/과’ 등을 더 쓸 수 있다.

예 　아버지가 가다.

아버지가 부산에 가다.

아버지가 서울에서 부산에 가다.

아버지가 서울에서 기차로 부산에 가다.

아버지가 어머니와 서울에서 기차로 부산에 가다.

 ‘연습6’에서 쓴 ‘N이/가 V1’ 문장에 ‘에, 에서, (으)로, 에게, 와/과’ 등을 더 써 보십시오.

-
-
-
-

2 'N을/를'을 꼭 써야 하는 경우

1) N이/가 N을/를 V2

: 'V2'의 예는 '먹다, 입다, 가르치다, 보다, 공부하다, … ' 등이 있다.

예　아버지가 밥을 먹다.
　　아기가 옷을 입다.
　　선생님이 한국어를 가르치다.
　　형이 한국어를 공부하다.

연습 8　'V2'의 예를 10개 써 보십시오.

연습 9　위에 쓴 'V2'을 이용해서 'N이/가 N을/를 V2' 문장을 만들어 보십시오.

2) N이/가 N을/를 하다

: 'N이/가 N을/를 N하다'는 'N을/를'을 쓰지 않고 'N이/가 N을/를 하다'로 바꿔 쓸 수 있다.

예 어머니가 한국어를 공부하다.　　　→　　어머니가 공부를 하다.
　　아버지가 방을 청소하다.　　　　→　　아버지가 청소를 하다.
　　선생님이 여행 경험을 이야기하다.　→　선생님이 이야기를 하다.

연습 10　　'N하다'의 예를 10개 써 보십시오.

연습 11　　위에 쓴 'N하다'을 이용해서 'N이/가 N을/를 N하다' 문장을 만들어 보고, 'N이/가
　　　　　 N을/를 하다'로 바꿔 써 보십시오.

3) N이/가 N에게 N을/를 V3

: 'V3'의 예는 '주다, 받다, 보내다, 부치다, 전화하다' 등이 있고, 'N에게(한테)'를 같이 쓴다.

예 어머니가 아이에게 선물을 주다.
    아이가 어머니에게 선물을 받다.
    여자 친구가 남자 친구에게 편지를 보내다.
    내가 부모님에게 전화를 하다.

연습 12 'V3'의 예를 10개 써 보십시오.

연습 13 위에 쓴 'V3'를 이용해서 'N이/가 N에게 N을/를 V3' 문장을 만들어 보십시오.

-
-
-
-
-
-

1. 밑줄 친 부분에 알맞은 것을 써서 문장을 완성하십시오.

> 예 누나**가** 밥**을** 먹는다.

① 형＿＿ 영화＿＿ 본다.

② 아기＿＿ 잔다.

③ 어머니＿＿ 회사＿＿ 간다.

④ 아버지＿＿ 고양이＿＿ 우유＿＿ 준다.

⑤ 선생님＿＿ 아침＿＿ 커피＿＿ 마신다.

⑥ 꽃＿＿ 핀다.

⑦ 커피＿＿ 차다.

⑧ 할아버지＿＿ 건강하시다.

⑨ 형＿＿ 누나＿＿ 선물＿＿ 교환한다.

⑩ 친구＿＿ 장학금＿＿ 신청한다.

2. 밑줄 친 부분에 알맞은 것을 써서 문장을 완성하십시오.

> 예 **형** 이 **한국어** 를 공부한다.

① ＿＿＿ 이/가 ＿＿＿＿＿＿ 을/를 만든다.

② ＿＿＿ 이/가 크다.

③ ＿＿＿ 이/가 ＿＿＿＿＿＿ 에/에게 준다.

④ ＿＿＿ 이/가 ＿＿＿＿＿＿ 에서 ＿＿＿＿＿＿ 을/를 본다.

⑤ ＿＿＿ 이/가 ＿＿＿＿＿＿ (으)로 ＿＿＿＿＿＿ 에 간다.

⑥ ＿＿＿ 이/가 ＿＿＿＿＿＿ 을/를 관광한다.

⑦ ＿＿＿ 이/가 ＿＿＿＿＿＿ 에서 ＿＿＿＿＿＿ (으)로 변한다.

⑧ ＿＿＿ 이/가 ＿＿＿＿＿＿ 에/에게 ＿＿＿＿＿＿ 을/를 말한다.

⑨ ＿＿＿ 이/가 가난하다.

⑩ ＿＿＿ 이/가 ＿＿＿＿＿＿ 을/를 취소한다.

3. 밑줄 친 부분에 알맞은 것을 써서 문장을 완성하십시오.

보기				
같다	깎다	가늘다	돌보다	전하다
나가다	이기다	배달되다	섞다	소개하다
반갑다	생각나다	흔들다	무섭다	갈아타다
싱겁다	낳다	마르다	계시다	먹다
맡기다	내다	부끄럽다	잊다	주다
담그다	지내다	느리다	약하다	가다
잘생기다	닦다	믿다	갈아입다	입다

-이/가	-을/를	-에게 -을/를
가다,	먹다,	주다,

4. 밑줄 친 부분에 알맞은 것을 써서 문장을 완성하십시오.

> 예 입다 → 아버지가 바지를 입는다 .

① 가다　→ ____.

② 마시다　→ ____.

③ 사다　→ ____.

④ 맡기다　→ ____.

⑤ 따뜻하다　→ ____.

⑥ 가입하다　→ ____.

⑦ 충전하다　→ ____.

⑧ 친하다　→ ____.

⑨ 비슷하다　→ ____.

⑩ 들어오다　→ ____.

※ [5~6] 다음을 읽고 물음에 답하십시오.

옛날 어느 마을에 할아버지와 할머니가 살았다. 할아버지와 할머니는 마음이 매우 착한 사람이었다. 어느 날 아침에 날씨가 아주 추웠다. 파랑새 한 마리가 다리를 다쳤다. 파랑새는 할아버지의 집 마당에 떨어졌다. 할아버지와 할머니는 깜짝 놀랐다. 파랑새는 다리를 많이 아파했다. 그래서 할아버지가 새의 다리를 치료했다. 할머니는 파랑새에게 먹이도 주었다. 파랑새는 할아버지와 할머니에게 인사를 했다. "고맙습니다." 파랑새는 멀리 떠났다.

1년이 지났다. 어느 봄날이었다. 할아버지는 파랑새의 소식이 궁금했다. 할머니도 매일 파랑새의 건강을 걱정했다.

(㉠)

5. 윗글을 읽고 ①~⑥의 문장이 어디에 있는지 찾아보십시오.

① N이/가 A

→ ....

→ ....

② N이/가 N이다

→ ....

→ ....

③ N이/가 V1

→ ....

→ ....

④ N이/가 N을/를 V2

→ ....

→ ....

⑤ N이/가 N을/를 하다

→ ....

→ ....

⑥ N이/가 N에게 N을/를 V3

   → ____.

   → ____.

6. ㉠에 알맞은 내용을 써서 이야기를 완성해 보십시오.

3-1에서는 짧은 문장을 공부했다. 짧은 문장은 'A, N이다, V' 등을 한 번만 쓰는 문장이다. 한 문장 안에 'A, N이다, V' 등을 한 번 이상 쓰면 긴 문장을 쓸 수 있다. 긴 문장을 쓰는 방법에는 두 가지가 있다. 문장 안에 다른 문장을 넣는 방법과 문장을 연결하는 방법이다.

1 문장 안에 다른 문장 넣기

한 문장을 다른 문장 안에 넣으면 긴 문장을 만들 수 있다.

1) 문장을 명사형으로 만들어 넣기

비가 온다.
사람들이 ＿＿＿＿을/를 기다린다.　　　→　사람들이 **비가 오기** 를 기다린다.

웨이는 학생이다.
그것은 틀림없다.　　　→　**웨이가 학생임** 이 틀림없다.

연습 1　　아래의 두 문장을 한 문장으로 만들어 보십시오.

① 마이클이 요리하다　　　→　마이클이 ＿＿＿＿＿＿＿＿＿＿.

　마이클이 ＿＿＿＿을/를 좋아한다.

② 말실수를 했다.　　　→　나는 ＿＿＿＿＿＿＿＿＿＿.

　나는 ＿＿＿＿을/를 깨달았다.

연습 2　　두 문장을 쓰고 위와 같이 한 문장으로 만들어 보십시오.

＿＿＿＿＿＿＿＿＿＿　→　＿＿＿＿＿＿＿＿＿＿

＿＿＿＿＿＿＿＿＿＿

2) 문장 순서를 바꿔서(관형사로 만들어) N 앞에 넣기

① 내가 어제 학교 식당에서 밥을 먹었다. → 내가 어제 밥을 먹은 학교 식당

내가 어제 밥을 먹은 학교 **식당**
학교 **식당**은 음식이 맛있다.　　　→　내가 어제 밥을 먹은 학교 식당은 음식이 맛있다.

연습 3　　　아래의 두 문장을 한 문장으로 만들어 보십시오.

내가 어제 친구를 만났다. → 내가 어제 만난 친구

내가 어제 만난 친구
친구가 축구를 좋아한다.　　→

연습 4　　　두 문장을 쓰고 위와 같이 한 문장으로 만들어 보십시오.

② 내가 지금 학교 식당에서 밥을 먹는다. → 내가 지금 밥을 먹는 학교 식당

내가 지금 밥을 먹는 학교 **식당**
학교 **식당**은 음식이 맛있다.　　　→ <u>내가 지금 밥을 먹는</u> 학교 식당은 음식이 맛있다.

연습 5　　　아래의 두 문장을 한 문장으로 만들어 보십시오.

내가 오늘 친구를 만난다. → 내가 오늘 만나는 친구

내가 오늘 만나는 친구
친구가 축구를 좋아한다.　　　→ --

연습 6　　　두 문장을 쓰고 위와 같은 방식으로 문장을 만들어 보십시오.

------------------------------------　　　→　--
----

③ 내가 내일 학교 식당에서 밥을 먹을 것이다.　→ 내가 내일 밥을 먹을 학교 식당

내가 내일 밥을 먹을 학교 **식당**
학교 **식당**은 음식이 맛있다.　　　→ <u>내가 내일 밥을 먹을</u> 학교 식당은 음식이 맛있다.

연습 7　　　아래의 두 문장을 한 문장으로 만들어 보십시오.

내가 내일 친구를 만날 것이다. → 내가 내일 만날 친구

내가 내일 만날 친구
친구가 축구를 좋아한다.　　　→ --

연습 8　　　두 문장을 쓰고 위와 같은 방식으로 문장을 만들어 보십시오.

------------------------------------　　　→　--
----

3) 부사처럼 만들어 다른 문장에 넣기

동생은 형과 다르다.
동생은 한국어를 잘한다.　　→　동생은 (동생은) 형과 다르게 한국어를 잘한다.

동생은 돈이 없다.
동생은 여행을 갔다.　　→　동생은 (동생은) 돈이 없이 여행을 갔다.

연습 9　　아래의 두 문장을 한 문장으로 만들어 보십시오.

① 동생이 슬프다.　　→　____ .
　동생이 운다.

② 형이 무섭다.　　→　____ .
　형이 화를 낸다.

③ 형이 기쁘다.　　→　____ .
　형이 웃는다.

④ 방을 청소한다.　　→　____ .
　방이 깨끗하다.

⑤ 옷을 입는다.　　→　____ .
　옷이 예쁘다.

⑥ 빵을 만든다.　　→　____ .
　빵이 맛있다.

⑦ 올 겨울은 추위가 없다.　　→　____ .
　올 겨울이 끝났다.

연습 10　　두 문장을 쓰고 위와 같은 방식으로 문장을 만들어 보십시오.

____
　　　　　　　　　　　　→　______________________________
____

문장 연결하기

짧은 문장 뒤에 다른 짧은 문장들을 연결하면 하나의 긴 문장을 쓸 수 있다.

1) 앞 문장과 뒤 문장을 연결만 하고 싶을 때: '-고, -(으)며'

> 아버지가 회사에 간다.
> 아들이 학교에 간다. → 아버지가 회사에 가**고** 아들이 학교에 간다.

예 비가 <u>오고</u> 바람이 분다.
비가 <u>오며</u> 바람이 분다.

연습 11 아래의 두 문장을 한 문장으로 만들어 보십시오.

> 학교 식당은 밥값이 싸다. →
> 학교 식당은 밥이 맛있다.

2) 앞 문장과 뒤 문장을 비교하고 싶을 때: '-지만, -는데/은데, -(으)나'

> 서울은 날씨가 춥다.
> 부산은 날씨가 따뜻하다. → 서울은 날씨가 춥**지만** 부산은 날씨가 따뜻하다.

예 서울은 날씨가 <u>추운데</u> 부산은 날씨가 따뜻하다.
서울은 날씨가 <u>추우나</u> 부산은 날씨가 따뜻하다.

연습 12 아래의 두 문장을 한 문장으로 만들어 보십시오.

> 학교 식당은 밥값이 싸다. →
> 학교 식당은 밥이 맛없다.

3) 앞 문장이 뒤 문장의 조건일 때: '-(으)면'

> 비가 오다.
> 문화 수업을 가지 않다. → 비가 오**면** 문화 수업을 가지 않는다.

예 시간이 <u>있으면</u> 제주도에 여행을 갈 것이다.

<table>
<tr><td>연습 13</td><td>아래의 두 문장을 한 문장으로 만들어 보십시오.</td></tr>
</table>

돈이 있다.
고향에 자주 가다.　　→ ____

4) 앞 문장이 뒤 문장의 이유일 때: '–아서/어서, –(으)니까, –(으)므로'

밥을 많이 먹다.
배가 아프다.　　→　　밥을 많이 먹**어서** 배가 아프다.

예　밥을 많이 <u>먹어서</u> 배가 아프다.

비가 <u>오니까</u> 우산을 가지고 가라.

친구가 고향에 <u>가므로</u> 나도 고향에 갈 것이다.

<table>
<tr><td>연습 14</td><td>아래의 두 문장을 한 문장으로 만들어 보십시오.</td></tr>
</table>

어젯밤에 잠을 못 자다.
오늘 커피를 많이 마시다.　　→ ____

5) 앞 문장이 뒤 문장의 목적일 때: '–(으)려고, –(으)러, –고자'

우유를 사다.
편의점에 가다.　　→　　우유를 사**려고** 편의점에 간다.

예　쇼핑을 <u>하러</u> 서울에 갔다.

친구와 영화를 <u>보고자</u> 극장을 찾았다.

<table>
<tr><td>연습 15</td><td>아래의 두 문장을 한 문장으로 만들어 보십시오.</td></tr>
</table>

DVD를 빌리다.
도서관에 가다.　　→ ____

2 문장 고치기

여러 개의 문장을 연결하여 쓴 다음에는, 문장에 틀린 부분이 없는지 확인해야 한다.

1) 'N이/가', 'N을/를'을 문장에 맞게 썼는지 확인한다.

> 예 어머니가 딸에게 화장품을 선물했지만 화장품 선물을 받지 않았다.
>
> → 어머니가 딸에게 화장품을 선물했지만 **딸이** 화장품 선물을 받지 않았다.

> 예 어젯밤 늦게까지 친구와 많이 마셔서 아침부터 머리가 아프다.
>
> → 어젯밤 늦게까지 친구와 **술을** 많이 마셔서 아침부터 머리가 아프다.

연습 16 **아래 문장의 틀린 부분을 찾아 고치십시오.**

① 친구와 마시러 커피숍에 갔지만 문이 닫혀 있었다.

→

② 편의점에서 컵라면을 사 왔지만 없어서 먹을 수 없었다.

→

③ 택시 요금이 삼천 원이어서 오천 원을 기사님께 드렸는데 주지 않았다.

→

2) 문장의 앞과 끝이 어울리는지 확인한다.

> 예 나는 비빔냉면이 더 좋은데 형은 물냉면을 더 좋다.
>
> → 나는 비빔냉면이 더 좋은데 형은 물냉면을 더 **좋아한다**.

연습 17 **아래 문장의 틀린 부분을 찾아 고치십시오.**

① 이 영화는 상영 시간이 짧지만 재미가 있는 것이다.

→

② 어머니는 부산에 가고 싶지만 나는 제주도에 가고 싶다.

→

③ 나는 너무 기뻐해서 할 말을 잊었다.

→

1. 다음 문장들을 하나의 문장으로 만들어 보십시오.

① 서울 식당은 비빔밥이 맛있다. 내가 서울 식당을 찾았다.

→   ____.

② 아버지가 어제 요리를 만들었다. 그 요리가 맛이 없다.

→   ____.

③ 비행기는 편리하다. 항공료가 비싸다.

→   ____.

④ 서울에서 집을 사다. 하늘에 별 따기다.

→   ____.

⑤ 어제 파마를 했다. 머리가 예쁘다.

→   ____.

2. 괄호 안의 표현을 알맞게 고치십시오.

>   옛날 어느 마을에 (①마음이 착하다) 나무꾼이 살았다. 나무꾼에게는 두 가지 소원이 있었다. 하나는 (②몸이 편찮으시다) 어머니가 건강해지는 것이었고, 다른 하나는 예쁜 아내를 만나 (③결혼을 하다)이었다.
>   어느 날 나무꾼이 산에서 나무를 하고 있는데, 사슴 한 마리가 뛰어왔다. 사슴은 사냥꾼이 (④무섭다) 몸을 떨었다. 나무꾼은 여러 (⑤고민이 없다) 사슴을 숨겨 주었다. 조금 후에 사냥꾼이 와서 사슴을 찾았다. 사슴이 어디에 있는지 (⑥알려 주다) 많은 돈을 주겠다고 약속했다. 하지만 나무꾼은 사슴이 (⑦숨다) 곳을 말하지 않았다. 사냥꾼이 다른 곳으로 (⑧가다) 사슴이 나왔다. 사슴은 나무꾼에게 선물을 주고 싶었다.
>   그래서 사슴은 (㉠   )

3. 긴 문장 만드는 방법을 이용하여, 위의 글에 이어질 내용을 ㉠에 써 보십시오.

____

____

____

Ⅳ. 구어와 문어 구별해 쓰기

※ 아래의 내용이 어떻게 다른지 읽어 봅시다.

'구어(말하기 언어)'는 대화나 발표 등에서 쓰는 언어이고 '문어(쓰기 언어)'는 안내문이나 신문 기사문 등에서 쓰는 언어이다. 구어와 문어는 말하고자 하는 바는 같지만 표현 방법이 다르다. 따라서 구어에서 쓰는 표현과 문어에서 쓰는 표현을 잘 구별해서 사용해야 한다.

상황이 다르면 말의 스타일도 다르다

1) 구어

상황이 달라지면 말하는 방법도 달라진다. 일상적인 말하기 상황에는 보통 'A/V-아요/어요, N예요/이에요'를 사용하여 말하지만, 방송 뉴스나 여러 사람 앞에서 말하는 상황에서는 'A/V-ㅂ니다/습니다, N입니다'를 사용하여 말한다.

① 일상적인 대화에서는 보통 'A/V-아요/어요, N예요/이에요'를 사용하여 말한다.

예 **약속**

A: 우리 내일 몇 시에 만날까요?
B: 오후 2시에 만나요.
A: 좋아요. 도서관 앞에서 만나는 게 어때요?
B: 그래요. 그럼 내일 봐요.

마트

A: 사과 10개에 얼마예요?
B: 10개에 58,000원이에요.
A: 그래요? 그럼 맛있는 걸로 10개 주세요.
B: 네, 사과 여기 있어요. 맛있게 드세요.
A: 감사합니다.

전화

A: 여보세요. 나 수진이이에요.
B: 아, 수진 씨! 오늘 학교 왜 안 왔어요?
A: 감기 걸려서 못 갔어요. 그런데 오늘 숙제 있어요?
B: 오늘 숙제 없어요.
A: 정말요? 알겠어요. 고마워요.

병원

A: 여기 앉으세요. 어떻게 오셨어요?
B: 어제부터 열이 나고 기침이 나요.
A: 목은 안 아프세요?

② 공적인 상황에는 보통 'A/V-ㅂ니다/습니다, N입니다'를 사용하여 말한다.

예　**발표**

저는 오늘 한국의 전통 문화에 대해서 발표하겠습니다.

회의

A: ○○○에 대해서 회의를 시작하겠습니다. 어떻게 생각하십니까?
B: 저는 ○○○에 대해서 찬성합니다.
A: 저는 ○○○에 대해서 반대합니다.

일기예보

내일 날씨를 말씀드리겠습니다. 내일은 오늘보다 훨씬 더 춥겠습니다. 내일 아침 최저 기온은
영하 10도, 낮 최고기온은 영상 2도가 되겠습니다.

자기소개

안녕하세요? 저는 제시카라고 합니다. 캐나다 사람입니다. 저는 대학교에서 심리학을
공부했습니다. 한국말을 배우고 싶어서 한국에 왔습니다. 만나서 반갑습니다.

연습 1　　**다음 구어문을 문어문으로 바꿔서 써 보십시오.**

> 신문에서 봤는데 올해 스마트폰은 작년보다 훨씬 많이 팔렸대요. 좋아진 휴대전화 기능 때문에
> 사람들이 스마트폰을 새로 많이 바꿨대요.

[참고] **구어문**		**문어문**
N에서 봤는데/들었는데	→	N에 의하면
N보다	→	N에 비하면/비해서
A/V-으(ㄴ)/는대요	→	A/V-으(ㄴ)/는다고 합니다
A/V-았/었대요	→	A/V-았/었다고 합니다

연습 2 다음 문형과 어휘를 사용하여 '일기예보'를 써 보십시오.

문형	어휘
A/V-겠습니다, N보다 A, V-기 바랍니다	내일, 날씨, 말씀드리다, 아침, 최저기온, 낮, 최고기온, 비가 오다/내리다, 바람이 불다, 쌀쌀하다, 우산, 준비하다

2) 문어

안내문 등은 보통 'A/V-ㅂ니다/습니다, N입니다'를 사용하여 쓰지만, 신문이나 잡지의 기사 등은 'A-다, V-ㄴ다/는다, N이다'를 사용하여 쓴다.

① 안내문, 초대장 등에서는 'A/V-ㅂ니다/습니다, N입니다'를 사용하여 쓴다.

예 **안내문**

> 엘리베이터 고장으로 오늘 오후 4시부터 6시까지 수리를 할 예정입니다.
> 이용에 불편을 드려서 죄송합니다. 계단을 이용해 주시기 바랍니다. 감사합니다.

초대장

> 우리 아기가 태어난 지 1년이 되었습니다. 참석하시어 축하해 주시기 바랍니다.
> ♠ 장소 : 신라 빌딩 8층
> ♠ 일시 : 2017년 3월 15일

② 신문, 잡지, 설명문, 논설문 등에서는 'A-다, V-ㄴ다/는다, N이다'를 사용하여 쓴다.

예 **신문**

> 서울시는 직장인을 대상으로 주말 여가 생활에 대해서 조사했다. 그 결과 60%의 직장인들이 '텔레비전 보기'라고 응답했다. 다음은 '영화 보기', '등산하기', '자전거 타기'의 순으로 주말을 보낸다고 응답했다.

현대인은 언제나 스마트폰, PC, TV와 함께 생활한다. 이런 것들의 빛은 눈을 피로하게 만들어 눈 건강이 나빠지게 한다. 평소 눈을 자주 쉬는 것이 제일 중요하지만 눈 건강에 좋은 음식이나 약을 먹는 것도 좋다.

연습 3 다음 문장을 'A-다, V-ㄴ다/는다, N이다'를 사용하여 바꿔 써 보십시오.

① 날씨가 덥습니다.

→ **날씨가 덥다.**

② 음식이 맛있습니다.

→

③ 영화가 재미있습니다.

→

④ 매운 음식을 좋아합니다.

→

⑤ 도서관에서 공부를 합니다.

→

⑥ 방학 때마다 고향에 갑니다.

→

⑦ 감기에 걸렸습니다.

→

⑧ 컴퓨터가 고장 났습니다.

→

⑨ 여기는 유명한 빵집입니다.

→

⑩ 제일 빠른 것은 지하철입니다.

→

　다음 문형과 어휘를 사용하여 '안내문'을 써 보십시오.

문형	어휘
N(으)로, N부터 N까지, V-(으)ㄹ 예정이다, V-기 바랍니다	컴퓨터실, 컴퓨터, 고장, 수리하다, 다른 N, 이용하다

　다음 문형과 어휘를 사용하여 '신문 기사'를 써 보십시오.

문형	어휘
N을 대상으로, N에 대해서, N(이)라고 응답하다, V-ㄴ/는다고 응답하다, N의 순으로	조사하다, 결과, 응답하다, 다음

 # 구어와 문어는 각각 문법의 정확성이 다르다

구어는 문법을 반드시 지켜야 하는 것은 아니지만 문어는 문법을 정확하게 지켜서 써야 한다.

	구어	문어
①	빼고 말해도 되는 조사가 있다.	조사를 반드시 쓴다.
	도서관 가서 책 빌려요. 밥 먹고 한국 영화 봤어요. 노래 잘해서 인기 많아요.	도서관에 가서 책을 빌린다. 밥을 먹고 한국 영화를 봤다. 노래를 잘해서 인기가 많다.
②	말할 때 순서를 바꿔서 말해도 된다.	문장을 쓸 때 순서를 지킨다.
	제주도에 갔어요. 방학 때. 어제 쇼핑했어요. 친구랑. 시간 있어요? 오늘.	방학 때 제주도에 갔다. 어제 친구와 쇼핑을 했다. 오늘 시간이 있습니까?

연습 6   다음 구어문을 문어문으로 바꿔서 써 보십시오.

① 감기 걸려서 병원 가서 주사 맞았어요.

→

② 내일 백화점 가서 옷 좀 사려고 해요.

→

③ 오전에 친구 만나서 명동 갈 거예요.

→

④ A: 어디 가요? / B: 라면 사러 편의점 가요.

→

⑤ A: 와, 커피 사 왔네. / B: 너 주려고 샀어.

→

⑥ 정말 정신이 없어요. 요즘.

→

⑦ 정말 비싸다. 이거.

→ ____

⑧ 재미있는 사람을 좋아해요. 저는.

→ ____

⑨ 청소하는 거 힘들어요. 깨끗하게.

→ ____

⑩ 얼굴 예뻐요. 특히 눈이.

→ ____

3 구어와 문어는 각각 어울리는 단어와 표현이 있다

구어에서는 보통 다음과 같이 '(이)랑, 하고', '한테, 한테서'로 말하기도 하지만, 문어에서는 '와/과', '에게, 에게서'로 써야 한다.

	구어	문어
	N(이)랑 / N하고	N와/과
①	친구랑 (같이) 영화를 봐요. 친구하고 (같이) 운동을 해요.	친구와 (같이) 영화를 봅니다. 가방과 옷을 삽니다.
	N한테 / N한테서	N에게 / N에게서
②	동생한테 선물을 줬어요. 동생한테서 선물을 받았어요.	동생에게 선물을 주었습니다. 동생에게서 선물을 받았습니다.

연습 7   다음 구어문을 문어문으로 바꿔서 써 보십시오.

① 여자 친구랑 자주 영화를 봐요.

→ 여자 친구와 자주 영화를 봅니다.

② 대학 친구들하고 1년에 한 번 여행을 가요.

→ ____

③ 옷가게에 가서 바지랑 셔츠를 샀어요.

→ ____

④ 길을 잘 몰라서 어떤 사람한테 길을 물어봤어요.

→ ....

⑤ 어젯밤에 언니한테서 전화를 받았어요.

→ ....

구어에서는 다음과 같이 소리(음운)와 글자수(형태)가 줄어들기도 한다.

1) '이것, 그것, 저것, 나/저, 무엇, 누가, 어디' + '은/는, 이/가, 을/를, 에는, 이다'는 구어에서는 다음과 같이 소리(음운)를 줄여서 발음하기도 한다.

		구어	문어
이것	이것	이거	이것
	이것은	이건	이것은
	이것이	이게	이것이
	이것을	이걸	이것을
	이것에는	이것엔	이것에는
	이것입니다	이겁니다	이것입니다
그것	그것	그거	그것
	그것은	그건	그것은
	그것이	그게	그것이
	그것을	그걸	그것을
	그것에는	그것엔	그것에는
	그것입니다	그겁니다	그것입니다
저것	저것	저거	저것
	저것은	저건	저것은
	저것이	저게	저것이
	저것을	저걸	저것을
	저것에는	저것엔	저것에는
	저것입니다	저겁니다	저것입니다
나/저	나는 / 저는	난 / 전	나는 / 저는
	나를 / 저를	날 / 절	나를 / 저를
	저입니다	접니다	저입니다

		구어	문어
무엇	무엇이	뭐가	무엇이
	무엇을	뭘	무엇을
	무엇입니까?	뭡니까?	무엇입니까?
누가	누구가	누가	누가
	누구를	누굴	누구를
	누구입니까?	누굽니까?	누구입니까?
어디	어디가	어디가	어디가
	어디를	어딜	어디를
	어디입니까?	어딥니까?	어디입니까?

2) 구어에서는 단어의 글자 수가 줄어들기도 한다.

	구어	문어
	월율 ~ 일율	월요일 ~ 일요일
①	월율부터 수업이 시작돼요. 일율에는 매주 등산해요.	월요일부터 수업이 시작됩니다. 일요일에는 매주 등산을 합니다.
	담/맘	다음/마음
②	담 주까지 하세요. 맘에 들어요.	다음 주까지 하세요. 마음에 들어요.
	갖다	가지다
③	내일 큰 가방을 갖고 오세요.	내일 큰 가방을 가지고 오세요.
	근데/젤/좀(쫌)	그런데/제일/조금
④	근데 잘 모르겠습니다. 이 중에서 젤 좋습니다. 좀(쫌) 어렵습니다.	그런데 잘 모르겠습니다. 이 중에서 제일 좋습니다. 조금 어렵습니다.
	아점	아침 겸 점심으로 먹는 밥
⑤	10시쯤 아점으로 먹었어요.	10시쯤 아침 겸 점심으로 먹었습니다.
	애/애들	아이/아이들
⑥	애가 자고 있어요. 애들이 놀고 있어요.	아이가 자고 있습니다. 아이들이 놀고 있습니다.
	얘기/얘기하다	이야기/이야기하다
⑦	재미있는 얘기를 들었어요. 친구와 오래 얘기했어요.	재미있는 이야기를 들었습니다. 친구와 오래 이야기했습니다.

	구어	문어
①	알바	아르바이트
	알바를 구하고 있어요.	아르바이트를 구하고 있습니다.
②	남친/여친	남자친구/여자친구
	남친하고 영화를 봤어요.	남자친구와 영화를 봤습니다.
③	학관/학식/과사	학생회관/학생식당/과사무실
	학식 음식 값은 싸요.	학생식당 음식 값은 쌉니다.

연습 8　　다음 구어문을 문어문으로 바꿔 써 보십시오.

① 그게 제 책이에요.

→ **그것이 제 책입니다.**

② 그거보다 이게 더 비싸요.

→

③ 그걸 많이 먹으면 안 돼요.

→

④ 전 노래 듣는 것을 아주 좋아해요.

→

⑤ 이 중에서 뭐가 제일 맘에 들어요?

→

⑥ 담 주 화욜에 시간 어때요?

→

⑦ 근데 이게 젤 예쁜 거 같아요.

→

⑧ 근데 이게 젤 예쁜 거 같아요.

→

⑨ 수업 시간에 애들이 시끄럽게 얘기해요.

→

⑩ 여친이랑 같이 알바를 구하고 있어요.

→

> 통계청에서 그러는데 한국인의 주식인 쌀 소비량이 40년 전보다 반으로 줄었대. 근데 육류 소비량은 같은 기간 동안 9배가량이나 늘었다는군. 이상한 건 쌀 소비는 줄고 있는데 즉석밥 시장은 500% 넘게 급성장했대. 그건 1인 가구가 늘고 집에서 직접 밥을 지어 먹는 집이 줄어들었기 때문이래. 밥심, 삼시세끼 같은 말도 이젠 옛말인가 봐. 가족들이 오순도순 둘러앉아 밥 먹는 풍경도 찾아보기 어려워지겠군. 게다가 이런 추세는 더 빨라질 전망이래.

1. 위의 구어문을 발표문으로 바꿔서 써 보십시오.

2. 위 발표문을 기사문으로 바꿔서 써 보십시오.

V. 간접 화법으로 쓰기

✏️ 들어가기

※ 다음 밑줄 친 부분의 특징을 알아봅시다.

> "드라마 '대장금' 보면서 한국어 공부를 <u>한다는</u>, 베컴"
>
> <k.sports>

> "의료비 지원하면 출산 <u>는다고</u>"
>
> <한국경제연구원>

> "추위 풀려 나들이하기 좋은 <u>날이라고</u>"
>
> <mbc 날씨>

> "○○대학 총학생회, 환경 위해 머그컵 <u>사용하자는</u> 캠페인 벌여"
>
> <녹색신문>

평서문

① V-ㄴ/는다고 하다

예 승우 씨가 매일 7시에 일어난다고 했다.

② A-다고 하다

예 마이클 씨가 제시카 씨는 아주 친절하다고 했다.

③ N(이)라고 하다

예 마이클 씨가 자기는 미국 사람이라고 했다.

④ V/A-았/었/였다고 하다

예 승우 씨가 어제 친구들하고 영화를 봤다고 했다.

⑤ V/A-(으)ㄹ 거라고 하다

예 웨이 씨가 이번 주말에 승우 씨와 도서관에 갈 거라고 했다.

① V-느냐고 하다

예 웨이 씨가 지훈 씨에게 무슨 책을 읽느냐고 했다.

② A-(으)냐고 하다

예 마이클 씨가 오늘 명동에 사람이 많으냐고 했다.

③ N(이)냐고 하다

예 승우 씨가 웨이 씨에게 어느 나라 사람이냐고 했다.

① V-(으)라고 하다

예 선생님께서 9시까지 교실로 오라고 했다.

② V-아/어/여 달라고 하다

예 제시카 씨가 마이클 씨에게 창문을 좀 닫아 달라고 했다.

① V-자고 하다

예 승우 씨가 배가 부르니까 좀 걷자고 했다.

1. 다음 내용을 바탕으로 (　　)에 알맞은 표현을 쓰십시오.

> ### "뽀뽀뽀" 7일 7754회 마지막으로 종방
>
> - 5일 NBC 발표
> - 7일 7754회를 마지막으로 종방함.
> - 시청률 하락이 이유임.
> - 시청률 1% 미만으로 떨어져 프로그램을 폐지함.
> - 후속 프로그램으로 '똑?똑! 키즈스쿨'이 방송됨.

　　5일 NBC는 "'뽀뽀뽀'는 7일 7754회를 마지막으로 (　　　　) 발표했다. '뽀뽀뽀'는 1981년 첫 방송 이후 시청률이 (　　　　) 이유로 1993년 봄 주중 방송이 폐지됐다가 시청자들의 항의에 그해 가을 부활해 지금까지 방송됐다. 2007년부터 '뽀뽀뽀 아이조아'로 이름을 바꾼 '뽀뽀뽀'는 결국 시청률 1% 미만으로 떨어져 프로그램을 (　　　　) 밝혔다. 이후 12일부터 이수민 아나운서가 진행하는 유아 교육 프로그램 '똑?똑! 키즈스쿨'이 (　　　　) 한다.

2. 다음 내용을 바탕으로 (　　)에 알맞은 표현을 쓰십시오.

> ### 지하철에서 중학생, 할아버지 때려
>
> - 언제: 지난 3월 2일
> - 어디서: 지하철 2호선에서
> - 누가: 중 3 학생이
> - 무엇을(누구를): 염 모씨 할아버지를
> - 왜: 자리를 양보하지 않았다고 남의 앞에서 큰 창피를 주어서
> - 어떻게: 승강장 계단에서 염 씨의 등을 차서 계단 아래로 구르게 했다

　　최근 '자리 양보'에 대한 어떤 사건이 (　　　　) 보도되었다. 한 중 3 학생이 지하철에서 경로석에 앉아 있다가 자리를 (　　　　) 한 70대 염 모씨 할아버지에게 야단을 맞아 남의 앞에서 큰 창피를 (　　　　) 기사였다. 그 학생이 화를 참지 못해서 염 씨를 따라 내려 승강장 계단에서 염 씨 등을 차 계단 아래로 (　　　　) 보도 되었다.

3. 다음 내용을 바탕으로 글을 쓰십시오.

> ## "가을은 독서의 계절"
>
> – 신문에 책 광고 늘어남.
> – 광고로 인해 책의 판매량도 증가함.
> – 최근 들어 '자기계발서' 관련 책 인기
> – 구매자 중 40%가 30대 이상
> – 젊은 층 독서량 2권/1년

가을은 독서의 ____

____

____

____

____

____

____

____

____

1. 다음 안내문을 읽고 보기와 같이 쓰십시오.

보기

하늘병원 진료 안내

월요일~금요일	09:00~18:00
토요일	09:00~14:00
* 점심시간	12:00~13:30

토요일은 점심시간 없이 진료합니다.

하늘 병원은 월요일부터 금요일까지는 아침 아홉시부터 저녁 여섯시까지 진료를 한다고 한다. 점심시간은 열두시부터 오후 한시 반까지라고 한다. 토요일은 아침 아홉시부터 오후 두시까지 점심시간 없이 진료를 한다고 한다.

한국 대학교 축제 안내문

날짜	5월 10일(수) 5월 12일(금)
장소	학교 운동장
내용	과 이벤트(먹거리, 퀴즈 대회, 장기자랑) 동아리 공연(노래, 춤) 유학생 장기자랑(한국어 말하기 대회)

※ 축제 기간 동안 오후 수업은 휴강합니다.

2. 다음 홍보물을 보고, 보기와 같이 쓰십시오.

최근 '노인과 바다'라는 연극이 인기를 얻고 있다고 한다. 입소문을 타고 많은 사람들이 이 연극을 본다고 한다. 어니스트 헤밍웨이의 원작을 김진만 감독이 연출했다고 한다. 3년 동안 본 최고의 연극이라고, 꼭 보라고 하는 관객도 있다. 연극은 관객들을 마음껏 웃기다가 폭풍 감동 속으로 빠져들게 한다고 한다. 7월 8일부터 백암아트홀에서 상연할 예정이며 관람료는 A석이 30,000원이라고 한다. 단 월요일은 공연을 쉰다고 한다.

1. 다음 인터뷰를 읽고 보기와 같이 기사문을 쓰십시오.

보기

기 자 : 안녕하세요. 바쁘실 텐데 이렇게 시간을 내 주셔서 감사합니다. 최근 한 조사에서 가장 닮고 싶은 연예인 1위로 뽑히셨는데요. 그만큼 사람들에게 사랑을 많이 받는 것 같습니다. 유재석 씨에게 방송이란 무엇입니까?

유재석 : 글쎄요. 방송이란 제 삶 그 자체인 것 같습니다. 방송을 한 지 20년이 되었습니 다. 처음에는 카메라 앞에 서는 것이 무섭고 그래서 힘든 날도 많았습니다. 하지만 방송을 하면 할수록 많은 사람들에게 제가 하는 일이 큰 힘이 된다는 것을 알게 되었습니다.

기 자 : 유재석 씨는 무명시절이 길었는데요, 방송인에게 재능과 노력 중에 어느 것이 더 필요하다고 생각하세요?

유재석 : 어느 정도 타고난 재능도 필요하지만, 저는 항상 꾸준히 노력합니다. 둘 중에서는 노력이 더 필요한 것 같습니다.

기 자 : 현재 계획하고 있는 거라든가, 앞으로 하고 싶은 일이 있다면 무엇입니까?

유재석 : 지금까지 한 것을 계속하고 싶습니다. 그래서 국민들에게 웃음을 주는 방송인으로 남고 싶습니다.

기 자 : 귀한 시간 내 주셔서 감사합니다. 앞으로 더욱 멋진 모습 기대하겠습니다.

　　가장 닮고 싶은 연예인 1위로 뽑힌 유재석 씨를 인터뷰했다.
　　유재석 씨에게 방송이란 무엇이냐고 물었다. 유재석 씨는 방송이란 삶 자체인 것 같다고 했다. 처음에는 카메라 앞에 서는 것이 무서웠지만 방송을 하면 할수록 많은 사람들에게 자기가 하는 일이 큰 힘이 된다는 것을 알게 되었다고 했다.
　　그리고 방송인에게 재능과 노력 중에 어느 것이 필요하냐고 물었다. 유재석 씨는 노력이 더 필요한 것 같다고 했다.
　　마지막으로 앞으로의 계획이 무엇이냐고 물었다. 그는 지금까지 한 것을 계속하고 싶다고 했다. 그래서 국민들에게 웃음을 주는 방송인으로 남고 싶다고 했다.
　　앞으로 유재석 씨의 멋진 모습이 기대된다.

기 자 : 안녕하세요. 인터뷰를 허락해 주셔서 감사합니다. 우선 이번 시즌 MVP를 받은것을
축하드립니다. 박재성 씨에게 축구란 무엇입니까?

박재성: 어렸을 때부터 매일 쉬지 않고 축구를 했습니다. 힘들고 포기하고 싶을 때도 많았지만, 이제
축구는 저의 인생입니다.

기 자 : 어떻게 하면 박재성 씨처럼 훌륭한 축구 선수가 될 수 있습니까?

박재성: 매일 열심히 운동을 하는 것도 중요해요. 하지만 무엇보다 축구를 사랑하는 마음이 필요하다고
생각합니다.

기 자 : 앞으로의 계획은 무엇입니까?

박재성: 선수를 그만두게 되면, 축구를 좋아하는 사람들에게 축구를 가르치고 싶습니다. 그래서 한국
축구에 큰 힘이 되고 싶습니다.

기 자 : 바쁘신 중에도 시간을 내 주셔서 감사합니다. 앞으로도 멋진 모습 기대하겠습니다.

1. 다음 뉴스를 읽고 전달하는 글을 쓰십시오.

〈2015년 8월 19일 뉴스〉

아나운서: 제주도에서 태풍 '와라'로 인해 20여 명이 넘는 사상자가 발생했습니다. 강한 바람과 거친 파도로 재산 피해도 생겼습니다. 더 자세한 소식을 윤유현 기자가 전해드리겠습니다. 윤유현 기자!

윤유현: 네, 윤유현입니다.

아나운서: 태풍 '와라'의 피해가 구체적으로 어떻습니까?

윤유현: 지금까지 제주도에서 6명이 사망하거나 실종되고 20여 명이 다쳤습니다. 어젯밤 9시 쯤 물에 빠진 강아지를 구하려다가 32살 서 모 씨가 물에 떠내려가서 실종되었습니다. 또 오늘 아침 10시 쯤 대형 간판이 강풍에 떨어지면서 지나가던 행인이 다쳐서 병원에서 치료 중입니다.

아나운서: 인명 피해 외에도 사고가 있습니까?

윤유현: 네, 비가 내리기 시작하면서 제주도 곳곳에서 주민들이 불편한 밤을 보내야 했습니다. 또 재산 피해도 있습니다. 바닷가 근처에 주차된 차들이 모두 물에 잠겼습니다. 차뿐만 아니라 집도 잠겼는데요. 약 50여 가구가 물에 잠겨서 150명 정도의 수재민들이 인근 학교에서 지내고 있습니다. 재산 피해는 약 30억 정도 예상하고 있습니다. 태풍은 앞으로 이틀간 한반도에 머무를 것으로 예상되어 피해는 더욱 늘어날 것으로 보입니다.

2015년 8월 19일 태풍 '와라'로 인해 제주도에 많은 피해가 발생했다고 한다.

VI. 명사형

✎ 들어가기

※ 다음을 읽어 봅시다.

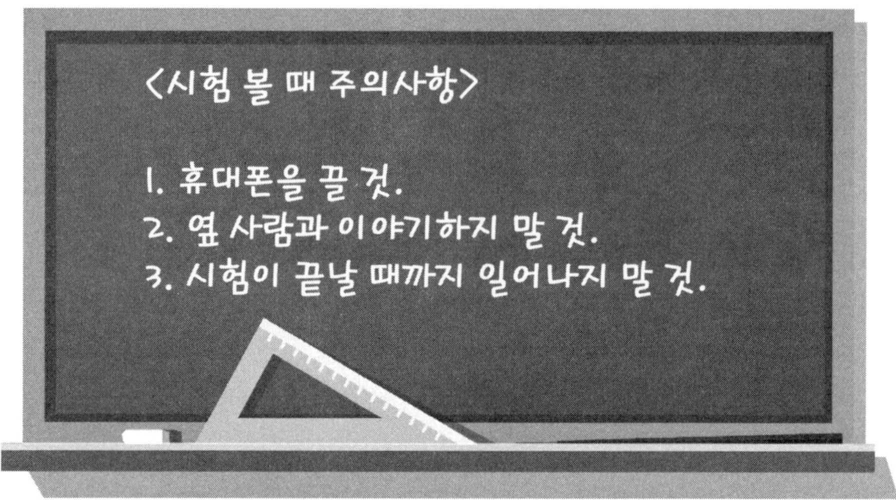

'명사형'이란 형용사, 동사와 함께 써서 명사로 만들거나 문장에서 명사처럼 쓸 수 있는 것으로 '-기', '-(으)ㅁ', '-(으)ㄴ/는 것' 등이 있다.

1　-기

1) 주로 동사와 함께 쓰며 현재형만 쓴다.

> 예 한국어는 공부하기 쉬워요.
> 내년에는 다이어트를 하기 바랍니다.
> 공부를 안 하면 시험에 떨어지기 마련이에요.

2) 앞으로 할 일이나 계획을 말할 때 쓴다.

3) '-기 때문이다', '-기(를) 바라다'는 형용사와 함께 쓸 수 있고, 과거형을 쓸 수 있다.

> 예 제가 감기에 걸렸기 때문이에요.
> 춘천은 날씨가 너무 춥기 때문이에요.
> 나는 철수가 합격했기를 바란다.

4) 속담이나 문장의 마지막 등에서 쓰기도 한다.

> 예 교실에서 핸드폰 하지 않기
> 누워서 떡 먹기
> 하늘의 별 따기

문형 표현

-기(가) 쉽다/ 어렵다/ 좋다/ 나쁘다/ 힘들다/ 마련이다/ 십상이다

-기(에) 적당하다/ 알맞다/ 적합하다

-기(를) 시작하다/ 좋아하다/ 싫어하다/ 바라다/ 원하다/ 빌다/ 희망하다/ 기대하다

연습 1　　다음을 '-기'로 바꿔 써 보십시오.

동사	-기	형용사	-기
하다		좋다	
먹다		많다	
울다		크다	
웃다		작다	
살다		슬프다	
열다		맛있다	
부르다		쉽다	
만들다		춥다	
만나다		어렵다	

① 도서관은 __공부하기__ 좋아요. (공부하다)

② 제 취미는 영화 ______________ 예요. (보다)

③ 한국어 듣기는 쉽지만 ______________ 는 어려워요. (말하다)

④ 내년에는 꼭 시험에 ______________ 바랍니다. (합격하다)

⑤ 어제 ______________ 전에 라면을 먹었어요. (잠을 자다)

① 가: 취미가 뭐예요?

  나: ____.

② 가: 한국어 공부에서 무엇이 가장 어려워요?

  나: ____.

③ 가: 한국에서 생활하기가 어때요?

  나: ____.

④ 가: 왜 한국어를 공부해요?

  나: ____ 기 때문이에요.

⑤ 가: 올해 생일에 무슨 선물을 받기 바랍니까?

  나: ____ 기 바랍니다.

⑥ 가: 어디가 공부하기 좋아요?

  나: ____.

2 -(으)ㅁ

1) 동사, 형용사와 함께 쓰며 현재, 과거를 만들 수 있다.

2) 과거의 체험이나 이미 알고 있는 사실을 말할 때 쓰며, 주로 문어체가 많다.

> 예 나는 철수가 기분이 나**쁨**을 알았다.
>
> 어제 잠을 못 자서 피곤**함**이 느껴진다.
>
> 영희가 시험에 합격했**음**을 친구들에게 말했다.

3) 경고문이나 보고문(PPT), 사전 등에서는 문장의 마지막에 쓴다.

> 예 남학생은 여학생 휴게실에 들어가지 못**함**.
>
> 현대인들은 결혼보다 싱글을 선호**함**.
>
> 한국어: 한국인이 사용하는 언어로, 한반도와 그 주변 섬에서 **씀**.

4) '-(으)ㅁ' 앞에는 '-겠-'을 쓸 수 있다.

> 예 내일은 눈이 오겠**음**.
>
> 오늘 밤에 다시 전화하겠**음**.

문형 표현

-(으)ㅁ을 알다/모르다/기억하다

-(으)ㅁ이 이상하다/드러나다/밝혀지다

연습 4 다음을 '-(으)ㅁ'으로 바꿔 써 보십시오.

동사	-(으)ㅁ	형용사	-(으)ㅁ
하다		좋다	
먹다		많다	
울다		크다	
웃다		작다	
살다		슬프다	
열다		맛있다	
부르다		쉽다	
만들다		춥다	
만나다		어렵다	

연습 5　　　'-(으)ㅁ'을 사용해 문장을 완성해 보십시오.

① 밥을 많이 먹어서 ＿＿＿＿＿＿＿을 느꼈다.　(배부르다)

② 한국어 공부가 생각보다 ＿＿＿＿＿＿＿을 알았다.　(어렵다)

③ 오늘 데이트는 두 번째 ＿＿＿＿＿＿＿이었다.　(만나다)

④ 약속을 지키겠다는 철수의 말에 ＿＿＿＿＿＿＿이 가지 않았다.　(믿다)

⑤ 지난 주말에 김 선생님에게서 연락을 ＿＿＿＿＿＿＿.　(받다)

⑥ 오늘부터 내일 밤까지 전국에 ＿＿＿＿＿＿＿.　(비가 오다)

연습 6　　　다음 발표문을 PPT용 서술문으로 고쳐 써 보십시오.

3 -(으)ㄴ/는 것

1) 동사, 형용사와 함께 쓰며 동사는 과거, 현재, 미래형을 모두 쓸 수 있다.

2) 어떤 사물이나 현상을 가리킨다.

	과거	현재	미래
동사	-(으)ㄴ 것	-는 것	-(으)ㄹ 것
형용사		-(으)ㄴ 것	

> 예 저는 먹<u>는 것</u>을 좋아해요.
> 어제 읽<u>은 것</u>은 한국 소설이에요.
> 오늘 저녁에 먹<u>을 것</u>은 비빔밥이에요.
> 저는 한국음식을 좋아하지만 매<u>운 것</u>은 싫어해요.

3) 장소는 '-(으)ㄴ/는 곳', 사람은 '-(으)ㄴ/는 사람'으로 쓴다.

> 예 3호선으로 갈아타<u>는 곳</u>이 어디에요?
> 의사는 병을 고치<u>는 사람</u>이에요.

연습 7 다음을 '-(으)ㄴ/는 것'으로 바꿔 써 보십시오.

동사	-는 것	형용사	-(으)ㄴ 것
하다		좋다	
먹다		많다	
울다		크다	
웃다		작다	
살다		슬프다	
열다		맛있다	
부르다		쉽다	
만들다		춥다	
만나다		어렵다	

    다음을 무엇을 말하는 것인지 써 보십시오.

영화, 드라마, 연극, 뮤지컬, 오페라	떡볶이, 불고기, 비빔밥, 삼계탕, 김밥	편지, 일기, 보고서, 소설, 가계부	바지, 치마, 코트, 티셔츠, 재킷
보는 것			
버스, 택시, 기차 자전거, 오토바이	신문, 잡지, 소설책, 만화책,	커피, 주스, 녹차, 맥주, 콜라	아이스크림, 눈 팥빙수, 얼음

    '-(으)ㄴ/는 N'을 사용해 문장을 완성해 보십시오.

① 저는 영화와 드라마 _______________ 을/를 좋아해요. (보다)

② 한국어에서 가장 _______________ 은/는 말하기예요. (어렵다)

③ 제가 _______________ 은/는 저기예요. (살다)

④ 이 책은 제가 어제 _______________ 예요/이에요. (빌리다)

⑤ 이 기숙사는 여학생들이 _______________ 예요/이에요. (생활하다)

⑥ 요즘 자주 _______________ 은/는 마이클 씨예요. (만나다)

📝 종합 문제

1. 작년에 한 일과 올해 계획을 써 보십시오.

  1) 작년에 한 일을 쓰십시오.

    • 토픽 시험에 떨어짐/떨어졌음

    • 다이어트에 실패함/실패했음

    •

    •

    •

    •

  2) 올해 꼭 이루고 싶은 일을 쓰십시오.

    • 토픽 시험 합격하기

    • 다이어트에 성공하기

    •

    •

    •

    •

2. 다음 발표문을 PPT용 서술문으로 고쳐 쓰십시오.

저는 오늘 한국 최초의 여의사 김점동에 대해 소개하겠습니다. 김점동은 1876년 서울 정동에서 김홍택의 넷째 딸로 태어났습니다. 일찍이 서구사상에 접했던 아버지 덕분에 1886년 11월 한국 최초의 여학교 '이화학당'에 입학했습니다. 김점동은 영어에 능숙해 이화학당의 교사로 취임한 홀 부인의 영어 통역을 맡게 되었다. 그 때 홀 부인의 의료 보조원으로 일하며 의술을 배우게 되었습니다. 1895년 박유산과 결혼하여 남편과 함께 미국으로 유학을 떠났습니다. 그리고 1900년 6월 한국 여성 최초로 의학박사 학위를 받았습니다. 1900년 10월 귀국한 후에는 간호학교를 설립하여 여성 의료 인력 보급에 힘썼습니다. 그러나 1910년 폐결핵에 걸려 35년의 젊은 나이로 생을 마치고 말았습니다.

Ⅶ. 주제 찾기

※ 다음은 무엇에 대한 이야기입니까? 읽고 이야기해 봅시다.

'2017 한국인의 여가활동'에 대한 조사에 의하면 한국인들은 여가 시간이 적고 여가활동이 다양하지 못한 것으로 나타났다. 문화체육관광부와 한국문화관광연구원이 만 18세 이상 남녀 1만 명을 대상으로 실시한 조사에 의하면 2017년 한국인들의 평균 여가 시간은 평일 2.5시간, 휴일 4시간인 것으로 나타났는데, 이는 2016년 평일 3.1시간, 휴일 5시간에 비해 감소한 것이다.

한편 여가활동 중 혼자 하는 여가활동은 2017년 59.8%로 2016년 53.2%에 비해 다소 증가한 것으로 나타났다. 혼자 하는 여가활동으로는 TV 시청(36.4%)이 가장 많았으며, 그 다음으로는 인터넷, SNS(14.4%) 활동으로 나타났다. 이 외에도 게임, 산책, 낮잠 등의 활동이 있었다. 이를 통해 한국인들은 쉬는 시간은 대부분 개인적 활동으로 보내고 있으며 야외 활동보다는 실내 활동을 선호하는 것을 알 수 있다.

그러나 한국인들이 희망하는 여가 시간은 평일 4시간, 휴일 6시간이었고 가장 하고 싶어 하는 여가활동으로는 여행이 가장 높은 것으로 나타났다.

『한국신문』 "쉬고 싶은 한국인" 2018-01-29

글을 쓰기 전에는 먼저 무엇에 대해 쓸지를 결정해야 한다. 쓰고 싶은 주제가 결정되고 나면 글 속에 어떤 내용들을 담을지를 생각한다. 여기에서는 먼저 짧은 글들을 읽고 각각의 글들이 무엇을 말하고자 하는지 주제를 파악하는 연습을 한다.

1 접속어 사용하기

1) 결과, 결론 말하기: 그래서, 그러므로, 그러니까, 그렇기 때문에, 즉, 따라서

> 예 인간은 모든 것을 기억할 수는 없다. 그래서 메모하는 습관이 필요하다.

2) 부정하기: 그러나, 그렇지만, 그래도, 그렇더라도

> 예 세월이 가면 어머니의 외모는 변한다. 그러나 자식에 대한 사랑은 변하지 않는다.

3) 첨가하기: 그리고, 게다가, 그 뿐만 아니라, 또한

> 예 이 글은 구성이 복잡해서 이해하기 어렵다. 게다가 말하려는 바가 명확하지 않다.

4) 화제 전환하기: 그런데, 그러면

> 예 인간은 타인에게 매우 엄격하다. 그런데 왜 자신에게는 관대한 걸까?

5) 예를 들기: 예컨대, 이를테면, 예를 들면

> 예 독감이 유행할 때는 사람이 많이 모이는 곳을 피해야 한다. 예컨대 영화관, 병원, 도서관,
> 지하철, 엘리베이터 안에서는 조심하는 것이 좋다.

6) 선택하기: 혹은, 또는

> 예 말하기 대회는 토픽 3급 합격자 또는 대학한국어 2를 수강한 자만 신청할 수 있다.

연습 1　**다음을 읽고 제시된 단어를 참고해 문장을 완성하십시오.**

1. 한국어는 발음이 어렵다.

　① 그리고 ____________________

　② 그러나 ____________________

　③ 그래서 ____________________

2.

　① 노력하면 성공한다고 한다. 그렇지만 ____________________

　② 열심히 노력해서 성공한 사람들이 있다. 예를 들면 ____________________

　③ 성공하려면 타고난 재능이 있어야 한다. 그 뿐만 아니라 ____________________

1.

인간관계를 잘 유지하려면 약속을 잘 지켜야 한다. 약속을 자주 어기면 사람들 사이에서 믿음을 주기 어렵다. 약속을 지키지 못할 사정이 생겼을 때는 먼저 이유를 말하고 양해를 구하는 것이 좋다. 그것이 인간관계를 잘 유지하는 방법이다.

2.

지역에 따라 음식의 맛이 다르다. 북쪽 지방은 날씨가 춥기 때문에 음식에 소금을 덜 넣어서 맛이 담백한 편이다. 그러나 남쪽지방은 날씨가 따뜻해서 음식이 쉽게 상하기 때문에 소금을 많이 넣는다. 그래서 다른 지방에 비해 음식이 짠 편이다. 중간쯤에 위치한 서울, 경기도는 음식이 특별히 짜지도 싱겁지도 않다.

3.

옷은 여러 가지 기능을 한다. 첫째, 옷은 건강을 유지해 주는 기능을 한다. 예를 들면 옷을 더 입거나 덜 입음으로써 몸의 체온을 조절할 수 있다. 둘째, 옷은 그 사람의 지위나 직업을 나타내는 기능을 한다. 그 사람이 입은 옷을 통해 직업이 무엇인지 어떤 위치에 있는지를 알 수 있다. 셋째, 옷은 남과 다른 나만의 개성을 나타내는 기능을 한다. 즉 옷차림을 보고 그 사람의 성격이나 취향을 알 수 있다.

4.

한 실험에서 아이들이 책을 다 읽을 때마다 칭찬 스티커를 나누어 주었다. 그러자 아이들은 스티커를 더 받기 위해 자신의 수준에 비해 낮은 책을 읽기 시작했고 읽은 책의 내용도 거의 기억하지 못했다. 그러나 처음부터 칭찬 스티커를 받지 않았던 아이들은 칭찬 여부에 상관없이 독서에 열중하는 모습을 보였다. 즉 칭찬이 항상 효과적인 것은 아니다.

5.

　　독서는 정보와 지식을 전달할 뿐만 아니라 어휘력과 표현력을 향상시킨다. 그런데 매년 독서 인구가 감소하면서 책 판매량도 줄어들고 있다. 그 이유는 젊은 세대들이 스마트폰을 통해 간단하게 정보를 얻는 것을 선호하고 있기 때문이다. 이런 경향이 계속된다면 멀지 않아 책은 사라지게 될 것이다. 따라서 젊은이들이 책을 멀리하는 현실을 이대로 두어도 좋은지에 대한 논의가 필요하다.

6.

　　이심전심(以心傳心). 말하지 않아도 마음이 통한다는 뜻이다. 우리는 가끔 상대방에게 미안하다고, 고맙다고 말하지 않아도 상대방이 내 마음을 알아주겠지 생각한다. 그러나 가끔은 상대방의 마음이 내 마음과 같지 않을 때도 있다. 그럴 때는 서로 오해를 불러일으키기 쉽다. 그러므로 가능하면 미안하다, 고맙다는 말을 입 밖으로 소리 내어 할 필요가 있다.

연습 3　　**무엇에 대한 이야기입니까? 다음을 읽고 주제문을 써 보십시오.**

1.

　　＿＿＿＿＿＿＿＿＿＿＿＿＿＿＿＿＿＿＿＿＿. 봄에는 노란색과 분홍색 등 봄을 느끼기 좋은 옷이 많이 팔린다. 여름에는 뜨거운 햇빛 때문에 흰색 옷의 판매량이 증가한다. 가을이 되면 봄보다는 조금 어두운 색깔의 옷이 많이 팔리고 겨울에는 주로 검정색이나 회색 옷 등이 더 많이 팔린다.

2.

　　＿＿＿＿＿＿＿＿＿＿＿＿＿＿＿＿＿＿. 예를 들어 날마다 사용하는 칫솔에는 수백만 마리의 박테리아가 살고 있기 때문에 3개월에 한 번씩은 교체해야 한다. 그리고 매일 베고 자는 베개는 3년 이상 사용하면 모양이 바뀌어 목에 통증이 생기기 쉬우므로 3년에 한번은 바꿔 주어야 한다. 또한 우리가 그릇을 닦을 때 일상적으로 사용하는 수세미는 세균이 자라기 쉬우므로 2주마다 교체하는 것이 좋다.

3.

　　한국에서는 칭찬이나 귀엽다는 뜻으로 아이의 머리를 쓰다듬기도 한다. 그러나 태국이나 라오스에서는 절대 상대방의 머리에 손을 대서는 안 된다. 인도나 인도네시아에서는 왼손으로 물건을 받거나 다른 사람을 가리켜서는 안 되며 몽골에서도 역시 손가락으로 사람을 가리켜서는 안 된다. 따라서 여행을 가기 전에 ________________________

________________________.

4.

　　우리는 지금까지 멍하니 있는 것을 좋지 않은 행동이라고 생각해 왔다. 그러나 마커스 라이클 박사에 의하면 우리가 아무 일도 하지 않는다고 해서 뇌도 함께 정지하는 것은 아니라고 한다. 오히려 이 때 뇌를 정상적으로 움직이게 하는 DMN(default mode network)가 더 활발해져서 더 창의적인 사고를 하는 데 도움이 된다고 한다. 따라서 인간이 아무 일도 안 하고 멍하니 있는 것은 ________________________

________________________.

5.

　　미국의 한 유명 대학에서 한 학생이 졸업 논문으로 '랩 앨범'을 제출하고 우수한 성적으로 졸업을 해 화제가 되고 있다. 대학을 졸업하려면 연구 논문을 제출하는 것이 의무였으나 더러는 논문 대신 영화 시나리오나 소설, 시집 등을 내는 일이 있기는 했다. 그러나 졸업을 위해 자신이 만든 랩 음악 10곡을 제출하고 그것이 우수한 성적으로 통과되기는 처음이다. 시대가 바뀜에 따라 ________________________

________________________.

※ 다음 글을 읽고 질문에 대답해 봅시다.

외국어를 공부하는 학생이라면 누구나 한 번쯤 어떻게 하면 글쓰기를 잘할 수 있을까 하는 고민에 빠지게 된다. 듣기와 말하기 실력은 일상생활 속에서, 혹은 드라마나 영화, 뉴스 등을 보거나 들으면서 시간이 지나면 좋아지기도 하지만 글쓰기 능력은 시간이 지난다고 저절로 향상되지는 않는다. 흔히 '공부에는 지름길이 없다'고 말하는 것처럼 글쓰기 실력도 노력과 연습이 필요하다. 즉 많이 읽고 많이 생각하고 많이 써보는 것만이 글쓰기 능력을 향상시키는 길일 것이다.

먼저 글쓰기를 잘하려면 우선 많이 읽어야 한다. 신문 기사, 설명문, 논설문, 광고문, 소설 등 주변에 있는 모든 글들을 시간이 날 때마다 꾸준히 읽는 연습이 필요하다. 다양한 글들을 읽으면서 그 속에 사용된 어휘와 표현에 점점 익숙해져야만 한다. 글의 종류에 따라 사용되는 어휘나 표현은 각기 다르다. 한 가지 단어나 문형을 외웠다고 해서 그것이 모든 글에 사용되는 것은 아니다. 따라서 다양한 글들을 접하는 것이 중요하다. 그러나 만약 본인이 주로 써야 하는 글이 신문기사라면 기사를 중점적으로 읽는 것이 좋고 문학에 관심이 많다면 여러 작가의 다양한 소설을 중심으로 읽는 것이 도움이 될 것이다.

또한 좋은 글을 쓰기 위해서는 생각하는 시간을 많이 갖는 것이 중요하다. 글이라는 것은 책상 앞에 앉는다고 해서 바로 써지는 것이 아니다. 본인이 어떠한 주제를 정하고 그 주제에 대해 글을 쓸 결심을 했다면 글을 쓰기 전에 머릿속으로 글을 어떠한 방식으로 전개할 것인지 미리 구상을 해 보아야 한다. 머릿속에서 이런 저런 그림을 그려보고 간단하게 메모하는 습관을 가지는 것도 좋다. 그러한 메모들이 모이면 글의 대략적인 개요를 완성할 수 있게 되고 이러한 개요가 더 긴 글로 발전되는 것이다.

다양한 글을 많이 읽고 많이 생각했다면 그 다음에 해야 할 일은 무엇일까? 그것은 당연히 글을 많이 써 보는 것이다. "구슬이 서 말이라도 꿰어야 보배"라는 말이 있다. 아무리 훌륭하고 좋은 것이라도 다듬고 정리하여 쓸모 있게 만들어 놓아야 값어치가 있는 것이 된다는 말이다. 외국어를 유창하게 하고 싶으면 해당 언어를 사용해 많이 말해 보아야 하는 것처럼 글도 역시 많이 써 봐야 한다. 간단하게는 매일 매일 있었던 일들을 일기나 수필의 형식으로 써 보거나 일주일에 한 번쯤 화제가 되었던 뉴스나 사건을 골라서 자신의 견해를 써 보는 연습을 하는 것이 좋다. 그런 훈련들이 쌓이고 쌓이면 어느 날 불현듯 자신의 글쓰기 능력이 비약적으로 발전되었음을 느낄 것이다.

1. 무엇에 대한 글입니까?

2. 각 단락의 주제문을 찾아봅시다.

① 첫 번째 단락

② 두 번째 단락

③ 세 번째 단락

Ⅷ. 개요 쓰기와 글 완성하기

※ 다음 그림을 그리기 위해서 우리는 무엇을 제일 먼저 해야 할지 이야기해 봅시다.

밑그림 그리기 = 개요 쓰기

　개요를 쓰게 되면 무엇이 좋을까? 우선, 전체적으로 글에 균형이 있다. 개요 없이 글을 쓰다 보면 첫 부분에 많은 내용을 쓰고 그 다음 무엇을 써야 할지 몰라 고민할 때가 많다. 개요를 쓰게 되면 내가 생각한 것들을 어디에서 활용해야 하는지를 계획할 수 있다. 그러니, 오히려 글을 쓰는 데 시간을 절약할 수 있게 된다.

　또한 미리 계획하여 글을 쓰게 되니 글 전체의 흐름이 좋다. 즉, 이 이야기 저 이야기 하지 않고 주제와 관련된 이야기만 쓸 수 있게 되는 것이다. 자, 여러분은 그냥 글쓰기를 시작하겠는가? 아니면 주제에 대한 생각을 미리 정리해서 계획 있게 쓰는 글쓰기를 하겠는가?

1 글쓰기의 단계

쓰기 전 활동 ⇨ 쓰기 활동

1) 쓰기 전 활동

| 주제 정하기 | ⇨ | 주제 관련 생각하기 | ⇨ | 개요 쓰기 |

① 주제 정하기: 관심 있는 주제, 흥미로운 주제를 생각해 본다.

② 주제 관련 생각하기: 주제와 관계있는 여러 가지 단어를 써 본다.

③ 개요 작성하기: 글을 쓰기 전 주제와 관계있는 생각들을 어떤 순서로 쓸지 정해 본다.

2) 쓰기 활동

| 글쓰기 | ⇨ | 서로의 글 읽고 평가하기 | ⇨ | 다시 쓰기 |

① 글쓰기: 개요에 작성한 순서대로 글을 쓴다.

② 서로의 글 읽고 평가하기: 다른 학습자의 글을 읽고 서로 의견을 나눈다.

③ 다시 쓰기: 고쳐야 할 부분을 다시 써 글을 완성한다.

2 개요 작성하기

1) 개요란?

① 개요란 무엇인가?

글을 효과적으로 쓰기 위해서 정리된 자료들을 주제, 글의 내용 순서에 맞게 정리한다.

개요는 글의 설계도이다.

② 어떻게 작성하는가?

개요를 작성할 때는 내용의 범위가 큰 것부터 작은 것 순서로 쓴다.

③ 개요 고치기

개요를 쓴 후 다음에 맞게 썼는지 확인해 본다.

❶ 개요의 내용이 명확한가?
❷ 주제를 나타내는 데 효과적인가?
❸ 개요의 내용이 주제 및 내용 순서에 맞게 잘 정리되었는가?
❹ 개요의 내용이 잘 연결되어 있는가?

2) 개요 작성의 예

① 주제: 어린이와 인터넷

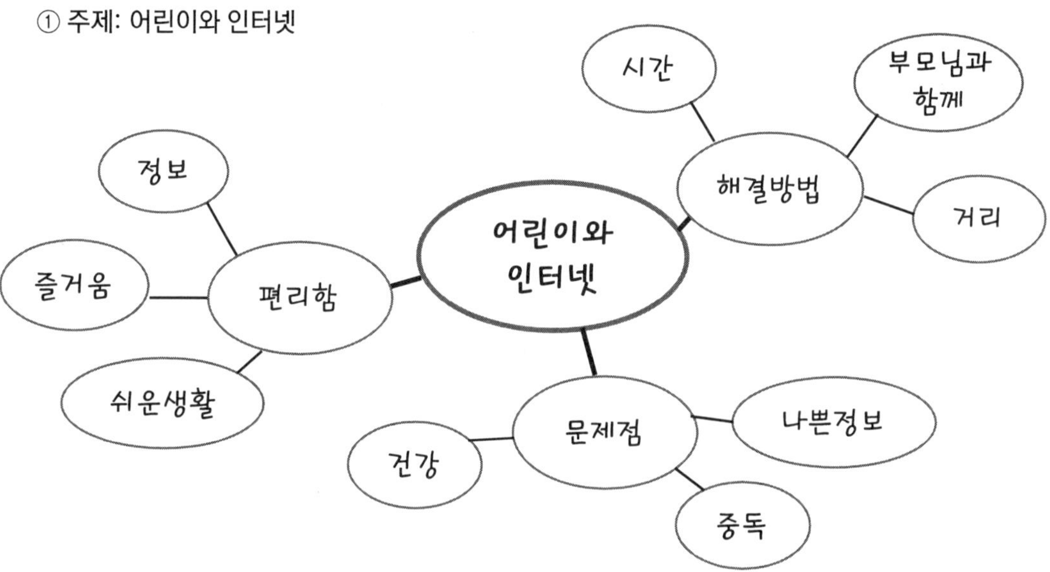

② ①에서 쓴 생각들을 아래 개요에 알맞게 써 봅시다.

시작		인터넷을 사용하는 어린이가 많아짐.
중간	편리함	① 정보 찾기가 쉬움. ② 생활이 편리해짐. ③ 여러 가지 재미있는 것이 많음.
	문제점	① 나쁜 정보가 많음. ② 화면을 오랫동안 보면 건강에 나쁨. ③ 쉽게 중독될 수 있음.
	해결 방법	① 인터넷을 할 때 부모님과 함께 함. ② 컴퓨터 화면과 거리를 두고 함. ③ 하루에 한 시간 이상 하지 않도록 사용 시간을 정함.
끝		좋은 점도 있는 반면 나쁜 점도 많기에 적절하게 사용해야 함.

3) 개요 쓰기

(1) '한국 문화'를 주제로 여러 가지 생각을 써 봅시다.

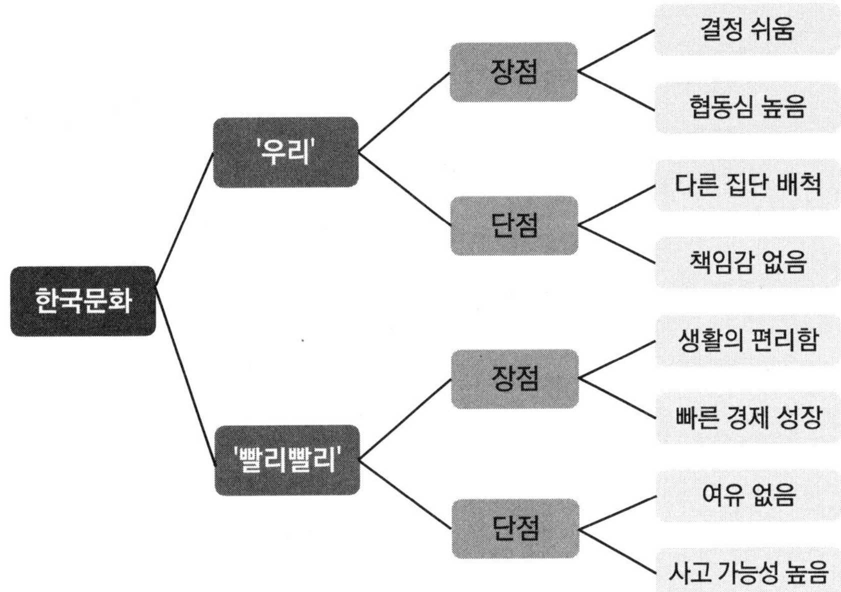

(2) (1)에서 쓴 생각들을 아래 개요에 알맞게 써 봅시다.

시작	\multicolumn{3}{l}{'빨리빨리'와 '우리'로 대표되는 한국 문화에 대해 알아봄.}		
중간	'우리'	장점	① ②
		단점	① ②
	'빨리빨리'	장점	① ②
		단점	① ②
끝			

1. '아르바이트의 영향'을 주제로 여러 가지 생각을 써 봅시다.

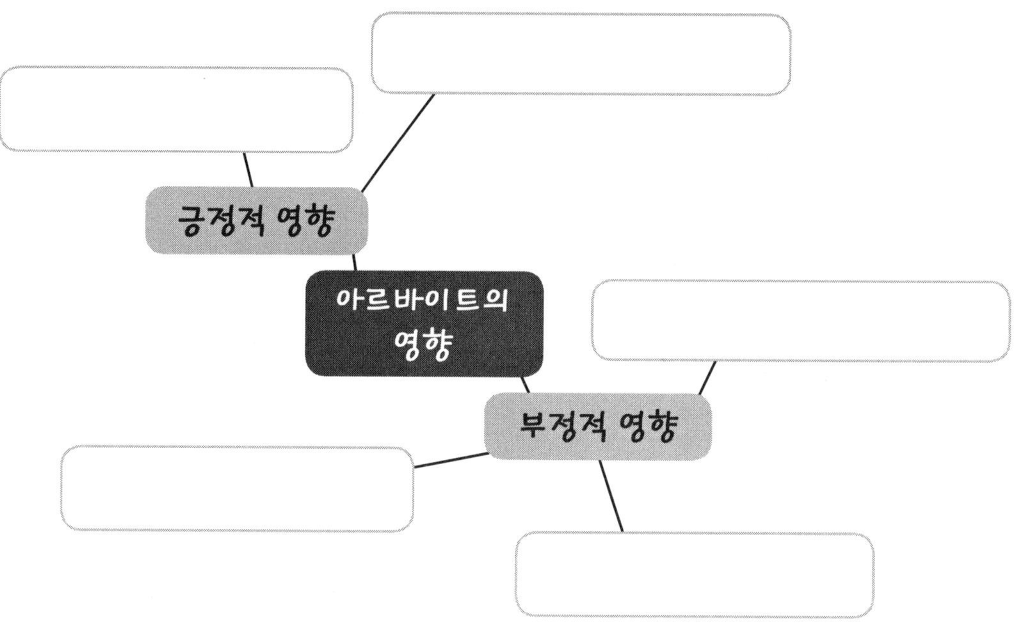

2. 1에서 쓴 생각들을 아래 개요에 알맞게 써 봅시다.

> 1. 서론: 아르바이트를 하는 학생들이 많아졌음.
>
> 2. 본론: • 아르바이트의 긍정적 영향
>   ① ____________________
>   ② ____________________
>
>   • 아르바이트의 부정적 영향
>   ① ____________________
>   ② ____________________
>   ③ ____________________
>
> 3. 결론: ____________________.

1. 여러분이 쓰고 싶은 글의 주제를 정하고 아래에 여러가지 생각을 써 봅시다.

2. 1에서 쓴 생각들을 아래 개요에 알맞게 써 봅시다.

주제	소주제1	내용
	소주제2	내용
	소주제3	내용

4) 글쓰기

(1) 앞의 개요표를 바탕으로 다음을 완성하십시오.

  1. 서론: ____

  2. 본론: • ____

         ① ____

         ② ____

         ③ ____

         • ____

         ① ____

         ② ____

         ③ ____

  3. 결론: ____

(2) 앞의 개요표에 맞게 글을 써 봅시다.

____

____

____

____

____

____

____

____

____

(3) 완성된 글을 옆의 친구와 바꿔 읽어 보십시오. 읽은 후 아래의 평가표에 여러분의 의견을
표시하십시오.

① 1차 평가
글을 읽은 후 여러분의 느낌을 아래에 표시하십시오.

매우 잘함	잘함	보통	조금 못함	못함

글 전체에 대한 여러분의 생각을 아래에 쓰십시오.

----

② 2차 평가
글 내용에 대한 평가

		5	4	3	2	1
서론	글을 쓰는 목적(동기)을 정확하게 썼는가?					
본론	주제에 대한 내용이 명확하게 드러났는가? (원인과 문제점 등을 잘 썼는가?)					
	글의 내용이 잘 연결되어 있는가?					
결론	본론의 내용을 잘 정리했는가?					
	주제에 대한 해결 방법이 잘 나타났는가?					

		5	4	3	2	1
맞춤법	단어를 정확하게 썼는가?					
어휘 및 문법	주제에 맞는 어휘를 사용했는가?					
	문법을 틀리지 않고 잘 썼는가?					

(4) 앞의 평가표를 바탕으로 글을 다시 쓰십시오.